Karin Welters

Das Leben ist ein Maskenball

Karin Welters

Das Leben ist ein Maskenball

Ein bunter

Lebens-Geschichten-Mix

LitArt-World

Published by Lit*Art*-World Press
ISBN-13: 978-3-948078-18-8

Inhalt

Die Texte in diesem Buch sind alle der Fantasie der Autorin entsprungen, ausgelöst durch alltägliche Beobachtungen. Ähnlichkeiten mit lebenden oder verstorbenen Personen sind rein zufällig.

Vorwort

Liebe Leserin, lieber Leser,

Dieses Büchlein enthält einen Geschichten-Mix: Mal humorvoll, mal sarkastisch, mal dramatisch, mal traumatisch, mal alltäglich.

Ja… genau wie das Leben auf Erden selbst.

Ich nähere mich unaufhaltsam meinem 70ten Geburtstag und darf sagen: Das Leben ist wie eine große Bühne, auf der täglich neue Vorstellungen gegeben werden.

Und… ganz egal, welche Maske sich Menschen vor das Gesicht halten… sie sind und bleiben Mitglieder unser Spezies. Jede und jeder ist ein Mitglied der Menschheitsfamilie, das tief in seinem Innersten, der Seele, ein Kind der Liebe ist – unabhängig von Rasse, Geschlecht, Nationalität oder Religionszugehörigkeit.

Auch, wenn die Mehrheit der globalen Familie sich dessen nicht bewusst zu sein scheint… daran ändert keine weltliche Maske auch nur ein Jota.

Ich habe in meinem Leben etwas gelernt, das mich selbst beim Anblick schlimmster Missetaten im inneren Gleichgewicht gehalten hat:

Es gibt Menschen, die meine Sicht von den Dingen nicht teilen; Menschen, die ein anderes Weltbild aufgebaut haben. Kein Mensch tut – gemessen an seinem eigenen Selbst- und Weltbild gemessen – irgendetwas Ungehöriges.

Würden sich *alle* Mitglieder der Menschenfamilie an die *gemeinsame* Sprache erinnern – *die des Herzens* – wäre der Maskenball des Lebens vorbei. Würden wir entsprechend den wahren Gefühlen, die unserem Herzen entströmen, handeln – es gäbe weder Konflikte noch Streit, weder Gewalt noch Kriege, weder Despoten noch Tyrannen.

So lange Menschen Gefallen an dem ‚irdischen Maskenball' finden, wird es ihn geben – in allen Abstufungen: Mal humorvoll, mal sarkastisch, mal dramatisch, mal traumatisch, mal alltäglich.

Ich wünschen Ihnen viel Lesevergnügen.

Ihre
Karin Welters

Der Psychiater

Er war mir weder sympathisch noch unsympathisch. Er tat mir einfach nur leid, denn seine Aufgabe war schwierig. Sogar extrem schwierig. Wie und wo sollte er anfangen? Von mir war keine Hilfe zu erwarten – *das* war ihm klar. Mit strengem Blick versuchte er, mich zu ergründen. Als er mit dieser Masche erfolglos blieb, flatterten seine Augenlider für einen fast unmerklichen Moment, ehe sein Blick auf das leere Blatt auf seinem Klemmbrett wanderte. Dem oberflächlichen Beobachter wäre der leichte Seufzer entgangen, bevor er fragte: „Was wollten Sie mit Ihrem Auftritt auf dem Marktplatz erreichen?"

Als ob ich auf sein geheucheltes Interesse hereinfiel.

„Auftritt?", erwiderte ich, mein Erstaunen betonend, „Auftritt nennen Sie das?"

„Nun", zögerte er, „Wie würden *Sie* Ihr Verhalten nennen?"

„Ach so!", grinste ich, „Wir spielen das Spiel ‚Frage und Gegenfrage'. Warum sagen Sie das nicht gleich?"

Diesmal war der Seufzer schon deutlicher und der flüchtige Schimmer von Ärger in seiner Stimme bezeugte, dass seine Professionalität erste Haarrisse hinnehmen musste: „So kommen wir nicht weiter."

„Weiter?", fragte ich erneut, „Weiter? Wohin?"

Sein Blick entsprach einem Fragezeichen. Doch ich setzte noch einen darauf: „Und – wen meinen Sie mit *wir*?"

Zum ersten Mal flog der schwarze Füllfederhalter mit dem weißen, sechseckigen Stern auf der Spitze über das Papier auf seinem Klemmbrett. Aber das störte mich nicht. Es interessierte mich nicht einmal. Das gab mir Zeit, ihn ein wenig näher zu betrachten. Zweifellos war er ein attraktiver Mann. Die graublauen Augen passten ausgezeichnet zu seinem Designer-Anzug. Ich tippte auf Armani. Dieser glänzende Stoff sah edel aus und unterstrich die Eleganz seiner Gesamterscheinung. Auch die leicht angegrauten Schläfen wirkten seriös und anziehend – zumindest bei Frauen, die auf solche Männer reflektierten.

„*Müssen* Sie diesen weißen Kittel tragen oder machen Sie das freiwillig?“, konnte ich mich nicht zurückhalten. Jetzt war er *wirklich* irritiert – und eindeutig sprachlos. Die leicht zusammengekniffenen Augen, die gerunzelte Stirn und die erkennbare Anspannung seiner Kiefernmuskeln ließen keinen Zweifel.

„Weshalb interessieren Sie sich dafür?“, zogen sich seine Augenbrauen nach oben.

„Ist diese Frage unmoralisch?“, reagierte ich.

Wieder senkte sich sein Blick und der Stift flog schneller als beim ersten Mal über das Papier. Und wieder hatte ich Zeit, ihn zu studieren. Ja – ich fühlte mein großes Bedauern. Der arme Kerl sollte mich psychiatrisch untersuchen. Mich!

Wen glaubte dieser Mann, vor sich zu haben? Was spielte sich in seinem Kopf ab? Und – das war für mich noch viel interessanter – was *fühlte* er? Was ging im

Gemüt eines Menschen vor sich, der sich für normal hielt und felsenfest davon überzeugt war, andere beurteilen zu können, ob diese dem Normalitätsanspruch gerecht wurden?

‚*Seinem* Anspruch', korrigierte ich mich in Gedanken, ‚Oder dem, was die *Allgemeinheit* für normal hielt.'

Da ich alle meine Papiere wohlweislich zu Hause gelassen hatte, konnten die Polizeibeamten ihm nicht sagen, wer ich war. Es gab auch im Polizeicomputer keine Hinweise auf mich. Ja, es war für ihn verdammt schwierig, mich zu beurteilen.

„Liebe, junge Frau." Jetzt versuchte er es auf die freundlich-joviale Tour. „Wie soll ich Sie beurteilen, wenn Sie Ihre Mitarbeit verweigern? Ich muss annehmen, dass Sie nicht an einer guten Zusammenarbeit interessiert sind. Und was soll ich dann schreiben?"

Wieder musste ich grinsen: „Das ist eine sehr gute Frage."

„Ohne Ihre Mitwirkung geht es nun einmal nicht", bestätigte er kopfnickend, „dabei müssen Sie mir schon helfen."

Ich dachte einen Moment nach und fragte: „Wenn ich als Privatpatientin Ihre Dienste in Anspruch nähme – wie hoch wäre Ihr Honorar pro Stunde?"

Zunächst wanderten seine Augenbrauen erneut in Richtung Haaransatz, aber offensichtlich schien ihm das Thema wichtig zu sein. Wahrscheinlich sah er sich im Geiste schon eifrig Rechnungen schreiben. „Also", begann er, „Meine Beratungen sind in der Regel auf 45

Minuten begrenzt und, obwohl Oberarzt der Klinik, berechne ich nur 120 Euro für eine angefangene Einheit – natürlich zuzüglich Mehrwertsteuer."

Erwartungsvoll schaute er mich an und rechnete damit, dass ich auf seine Antwort reagierte. Nach einer Weile ausgedehnten Schweigens hakte er nach: „Warum fragen Sie?"

„Warum nehmen Menschen Ihre Dienste in Anspruch?", hielt ich an meinem roten Faden fest.

Ich beobachtete, wie er sich entspannte. Ja, jetzt fühlte er sich eindeutig auf sicherem Boden. Er lehnte sich in seinen Ledersessel zurück, dessen Rückenlehne dem Körpergewicht lautlos ein wenig nachgab. Gleichzeitig schlug er ein Bein über das andere und meinte: „Meistens, weil sie mit ihrem Leben nicht mehr zurecht kommen. Sie suchen nach einer Problemlösung und kommen zu mir, um mich um Rat zu fragen."

‚Ja, ja', dachte ich, *‚das Spielchen mit der Glaubwürdigkeit und der Vertrauenswürdigkeit. Nutzten sie nicht alle die Gutgläubigkeit und das Vertrauen anderer, um sie für sich zu gewinnen, sie einzulullen, ihnen aus der Nase zu ziehen, was ihnen wichtig ist, was ihnen zum Vorteil gereicht? Diese Heuchler!'*

Ich sah ihm direkt in die Augen: „Nun, nachdem ich die Honorare kenne, die in Ihren Kreisen üblich sind, können Sie die Zeit notieren, die ich bereits für Sie aufgebracht habe. Da Sie, wie *Sie* soeben betonten, *meine* Hilfe benötigen, um *Ihre* Arbeit tun zu können und *ich* Sie bei Ihrer Problemlösungsfindung unterstützen soll, bleibe ich bescheiden und gebe mich mit dem Honorar zufrieden, das Sie für sich festgesetzt haben. Einverstanden?“

Mit einem Ruck schnellte die Lehne des Sessels senkrecht und er war auf den Beinen. Das Klemmbrett landete fast geräuschlos auf dem flauschigen, cremefarbenen Teppichboden – der Füllfederhalter mit dem weißen Stern direkt daneben. Ich beobachtete, wie sich der kleine, blaue Fleck allmählich vergrößerte. Ob der cremefarbene Teppichboden wohl von einem Fachmann ganzflächig mit einem Muster aus blauen Tupfern eingefärbt werden konnte?

„Sind Sie wahnsinnig?“, entfuhr es dem Herrn in blau-grau-weiß.

Mein Zwerchfell juckte, aber ich beherrschte mich: „Das fragen Sie *mich*?“

Mit offenem Mund stand er hinter seinem Mahagonischreibtisch und war sprachlos. Natürlich nutzte ich diese Gelegenheit: „Sagten *Sie* nicht soeben, dass *Sie* in diesem Gespräch *meine* Hilfe wünschen?“

Wie in Zeitlupe ließ er sich auf dem exquisiten Chefsessel nieder und versuchte weiter, seine Fassung zurück zu gewinnen, die ihm sichtbar abhandengekommen war. Er ließ mich nicht aus den Augen. Wie hypnotisiert schaute er mich an, als hätte sich ein exotisches Exemplar von der Nachbargalaxis in sein Heiligtum verirrt.

Trotz intensiver Versuche fand er seine Fassung nur bruchstückhaft wieder. Ich bemerkte, wie Röte sein Gesicht überzog. Sie begann auf den Wangen und breitete sich wellenförmig aus bis sie die ergrauten Schläfen erreichte. Als schließlich auch die Stirn das dunkle Rot für sich angenommen hatte, platzte er fast: „Ich bringe Sie in der Geschlossenen unter!“

„Ach ja?“, erwiderte ich ruhig, denn ich kannte das Verhalten dieser machtgeilen Typen nur zu gut, für die die Einschüchterung eines ihres Lieblingsinstrumente war. „Dann freue ich mich auf den Termin mit dem Richter, denn er wird Ihre Dokumentation einsehen wollen. Es dürfte höchst interessant sein, auf welcher Grundlage Ihre Diagnose aufbaut und aufgrund welcher Symptome Sie zu Ihrer Einschätzung gekommen sind. Was meinen Sie – wird Ihnen das gelingen?“ Ich ließ ihm keine Zeit zu antworten. „Und wenn nicht?“, fuhr ich mit größter Sachlichkeit fort. „Wie gehen Sie mit meiner Strafanzeige wegen Freiheitsberaubung um?“

Erneut hatte es ihm die Sprache verschlagen. Ich konnte in seinem Gesicht lesen, wie in einem offenen Buch: So eine Unverschämtheit, eine derartig unfassbare Majestätsbeleidigung und unverfrorene Missachtung seiner Autorität, Expertise und sozialen Stellung – nein, das war ihm noch nie untergekommen!

Ich lächelte ihn an, was ihn vollends aus dem Häuschen brachte. Mit fahrigen Bewegungen suchte er seinen Schreibtisch nach seinem verloren gegangenen Klemmbrett ab. Ich schaute ihm ungerührt zu. Erst als sein Bally-Schuh den Füllfederhalter traf und ihn tiefer in den hellen Teppichboden drückte, bemerkte er sein Malheur.

Sich ständig räuspernd kramte er die beiden Utensilien zusammen und legte sie auf die dunkelgrüne Lederunterlage seines Schreibtischs. Ich wusste, dass es nicht mehr lange dauern würde, bis er den Punkt erreichte, an dem er die ganze Hilflosigkeit, Schwäche und Ohnmacht seiner Position erfasste.

Ja – er musste sie *fühlen.* Bis in die letzte Pore sollte er sie *spüren.* Es sollte ihm wehtun, ihn schmerzen und ihm ein Brennen in den Eingeweiden verursachen wie dem kleinen Mann auf der Straße. Erst dann würde ich zum letzten Schlag ausholen.

Noch musste ich mich gedulden. *Noch* war er nicht so weit.

„Was wollen Sie eigentlich?“, kam prompt seine Frage. Die Aggressivität war unüberhörbar – ich erreichte demnach die Zielgerade.

„Ich?“, spielte ich die Verdutzte, „Was sollte *ich* schon wollen?“

„Die Polizei bringt Sie nicht in die Psychiatrie, wenn *Sie* ihr keinen Anlass gegeben hätten?“, rechtfertige er sich. „Also? Was haben Sie angestellt?“

Ach ja – jetzt kam der Trick mit der Schuldzuweisung.

„Warum fragen Sie nicht die Polizisten?“, entgegnete ich.

Hektisch suchte er nach dem Bericht der Beamten und strahlte wie ein Kind, als er ihn fand. „Aha!“, triumphierte er, „Hier steht es. Widerstand gegen die Staatsgewalt! Sie haben sich geweigert, Ihr volksverhetzendes

Plakat auf dem Marktplatz niederzulegen.“ Hastig flogen seine Augen über den weiteren Text. „Sie haben eine nicht genehmigte Demonstration abgehalten mit einem Schild, auf dem stand: Hört auf, euch für dumm verkaufen zu lassen. Euer Obrigkeitsglaube macht euch *krank*!“

Er sah mich streng an: „Und was sagen Sie *dazu*?“

Ich grinste. „Nix. Auch *Sie* wollen, dass Ihre Klienten die *eigene* Macht an *Sie* abgeben.“ Ich beugte mich ein wenig vor. „*Ich* habe begriffen, dass *Sie* unter Normalität dasselbe verstehen, wie all die Angsthasen, die sich mit ihrem dicken, fetten Ego aufplustern. *Ihre* Normalität bedeutet: *systemkonformes Verhalten*, dessen Spielregeln Sie allein festlegen. *Ihre* Macht basiert auf dem Vertrauen der *Gesunden*, denn die *haben* noch welches. *Sie*, als Vertreter der Angst-Giganten, werden dafür bezahlt, dieses kranke System *aufrecht* zu halten. Deshalb müssen *Sie* die Gesunden zu *Kranken* erklären, damit die Kranken sich weiterhin *gesund* wähnen können.“

Es wurde Zeit für meinen Schlussakkord: „Und jetzt steht dieses *Irrsinns-System* vor dem Kollaps – einer *Gesellschaft* von zunehmend psychisch *Kranken*.“ Ich grinste von einem Ohr zum anderen: „Tja – asozialer Obrigkeitswahn war schon immer ziemlich teuer.“

Regungslos saß er auf seinem Stuhl, sah mich lange schweigend an und zischte schließlich zwischen den Zähnen: „Machen Sie, dass Sie hier rauskommen!“

Das ließ ich mir nicht zweimal sagen, erhob mich, winkte ihm noch einmal lächelnd zu und verließ die Klinik – unbehelligt.

Der Glücksritter

der Reitersmann mit frohem Mute
geht in den Stall zur weißen Stute
doch die hat heute schlechte Laune
drum wählt er schnell die große Braune

die hat sich etwas ausgedacht
und insgeheim sich platt gelacht
der Tag soll im Gedächtnis haften
wird zum Gespött in Reiterschaften

der Bursche führt hinaus sie munter
sie wirft den Sattel krachend runter
wie er sich bückt, ihn aufzuheben
hat sie ihm einen Schubs gegeben

so landet er auf seinen Knien
versucht, sich wieder hochzuziehn
durch ihr geschicktes Seitwärtswenden
landet er auf beiden Händen

gemächlich schlendert sie mit Klasse
durch die Pferdeboxengasse
er stolpert an den kleinen Stufen
und landet vor den Vorderhufen

als der Sattel fest gezogen
macht sie einen Rückenbogen
sie liftet schnell ihr Hinterteil
und unser Reiter wie ein Pfeil

segelt vorwärts in die Jauche
landet voll auf seinem Bauche
er versteht die Welt nicht mehr
was ist los mit dieser Mähr'?

als die Braune wiehert laut
unser Jüngling dümmlich schaut
auf den Sattel springen will
doch die Stute hält nicht still

hebt galant die Vorderhände
er landet wieder im Gelände
geschmeidig, lässig und mit Stil
zeigt sie gar kein Mitgefühl

nun den Jüngling packt die Wut
er sammelt seinen ganzen Mut
greift energisch nach der Rute
und – lammfromm die braune Stute

er besteigt den Pferderücken
diesmal sollte es ihm glücken
im Galopp durch Wies' und Felder
steuert er in Richtung Wälder

kurz bevor der Zaun erreicht
unser Reitersmann erbleicht
ohne Anlauf, aus der Hüfte
fliegt er durch die Frühlingslüfte

denn sie bremste unbegründet
er im Bach sich wieder findet
derweil sie genüsslich kaut
an dem köstlich grünen Kraut

triefend nass mit Wut im Blick
kehrt er zu dem Pferd zurück
als er fast den Schweif erreicht
schlägt die Braune aus – ganz leicht

punktgenau an seinem Kinne
schwinden ihm sofort die Sinne
ausgestreckt liegt nun der Knappe
auf dem Bauch die Reiterkappe

triumphierend, voller Ruh'
sie wendet sich dem Grase zu
der Jüngling leise stöhnt und sacht
nach kurzer Dauer er erwacht

das Kinn leicht gelb, das Auge blau
das Horn am Kopf fühlt er genau
nie mehr – der Jüngling denkt und schwört
er auf die Reiterfreunde hört

er suchte Glück auf dieser Erde
auf dem Rücken großer Pferde
er fand heraus – es war Betrug
vom Reiten hat er nun genug!
*

BMI-Terrorismus

„Nichts ist so charakterfest und beharrlich, wie Hunger“, sagte mein Opa, als ich noch klein war. Meist schaute meine Oma ihn dann missbilligend an und schwieg. Damals habe ich weder ihn noch sie verstanden. Was meinten sie bloß? Ich brauchte ein halbes Jahrhundert, um zu begreifen, wenn auch mit umgekehrten Vorzeichen. Sie gehörten einer Generation an, die überreichlich Hunger gelitten hatte, denn der Krieg und die unmittelbare Zeit danach ließ sie Hunger leiden, der sie für ihre Leben prägte.

Aber – Hunger, das kann jeder heute bestätigen, ist kein rein physisches Alarmsignal, das die Versorgung des Organismus mit Nährstoffen sicherstellen soll. Oh nein! Hunger ist der heimtückische Verräter, hinterhältige Saboteur und größte Feind der Vernunft.

Da hast du gerade eine große Portion rheinischen Sauerbraten mit Knödel und Rotkohl – und natürlich mit selbstgemachtem Apfelkompott – genossen und kurze Zeit später verlangt dein Innenleben nach Pudding, Käse oder Mousse au Chocolat. Hat das noch etwas mit Vernunft zu tun? Oder mit der Versorgung des Organismus mit Nährstoffen? Nein! Das ist das, was zu Recht als Völlerei gebrandmarkt ist – sündhaft und der Strafe würdig. Es ist die Ausschreitung eines überaktiven Hypothalamus, die Zügellosigkeit wild gewordener Neurotransmitter und Maßlosigkeit stimulierungssüchtiger Geschmacksnerven. Das ist Terrorismus – innerer Terrorismus. Wer Opfer solch terroristischer Anschläge wird – findet sich im 21. Jahrhundert vor der bösartigsten und blutleersten Inquisition wieder, die es je in der Menschheitsgeschichte gab. Sie besteht aus zwei unabhängig voneinander agierenden, jedoch fein aufeinander abgestimmten, koalierenden Denunziantenfraktionen: den Herstellern von Körperwaagen mit BMI-Anzeige und den Modedesignern von Damenoberbekleidung.

Gut – du kannst dich diesen Verrätern durch Ignoranz entziehen. Auch kannst du bei den Anbietern von Bekleidung in damenhaften Größen, zum Beispiel Uschi Peppig einkaufen und einen großen Bogen um BMI-Waagen machen – doch damit ist es leider nicht getan. Der lautlose Krieg, auf dem Rücken der Hypothalamus-Opfer ausgetragen, zwischen Sterneköchen und medizinischen Gewichtskoryphäen – sprich Sportärzten, zwischen Pharmaindustrie – sprich Hungerpillen und Diät-Gurus, zwischen Kochstudio-Seminaren und Fitnessstudio-Sonderangeboten entspricht einem Räuberkomplott, der aus deinem mühsam gemästeten Sparschwein den letzten Notgroschen herauspresst. Erst bezahlst du reichlich für das köstliche, befriedigende, dir Glücksgefühle bescherende, Hochstimmung fabrizierende, prickelnde, verzaubernde, unwiderstehliche Fünf-Gang-Menü, dann für die BMI-Waage, dann für die diversen Bücher, die von Trennkost über Eierdiät und Atkinson alles versprechen, wonach die Modelobby verlangt. Im Fitnessstudio quälst du dich auf den tollsten Maschinen neuester Bauart, schluckst die aktuellsten Hungerpillen, die versprechen, nur die Hälfte der Fettzufuhr zu verarbeiten oder zählst brav Kalorien oder Joule, um die von Ernährungswissenschaftlern festgesetzte Höchstmenge nicht zu überschreiten. Natürlich kaufst du nur teure Bio-Produkte für die Zubereitung der Diätgerichte, die auf den Bildern so köstlich, lecker und einladend dargestellt sind.

Dummerweise beeindruckt das die innere Terroristenbande nicht im Mindesten. Die sorgt auf unerklärliche Weise dafür, dass dir reihenweise Einladungen zugestellt werden, die – ist das nicht ein Zufall? – immer mit einem üppigen Diner verbunden sind.

Und – wer will schon seine soziale Stellung aufs Spiel setzen? Schließlich verlangt die Gesellschaft deine Mitwirkung bei solchen Events. Ich jedenfalls riskiere nicht, dass mein gesellschaftliches Verantwortungsgefühl, mcin Pflichtbcwusstsein oder meine sittliche Einstellung angezweifelt werden. Und deshalb bezahle ich lieber für ein neues Kleid – natürlich mit entsprechendem Zubehör – als irgendwann ein einsames Leben, ein Einsiedlerdasein zu fristen. Man hat ja schließlich was zu verlieren; oder?

Und wieder sitzt du an einem fantastisch gedeckten Tisch, mit reinweißer, professionell gestärkter Tischdecke, auf denen Tafelsilber und Kristallgläser um die Wette funkeln und ausgesuchte Blumengestecke und farblich passende Servietten vom exzellenten Geschmack und Geschäftssinn der Edeldesigner zeugen. Und wieder gibt es Pasteten, Suppen, Cocktails und eeresfrüchtearrangements, Lachsfilets auf Blattspinat mit einem Hauch von Muskatnuss, Wildschweinbraten mit Preiselbeeren oder Rehrücken in Rotweinsauce mit Kroketten. Die opulenten Käseplatten mit Weintrauben fehlen ebenso selten, wie der Saft der gebrannten Trauben aus der Region Cognac, der selbstverständlich ganz lässig und elegant in überdimensionierten, vorgewärmten Gläsern geschwenkt wird.

Wer denkt dabei noch an BMI?

Spätestens an dieser Stelle triumphiert die innere Terroristenriege, denn nach einem derart exquisiten Diner macht das Tiramisu wirklich den Kohl nicht mehr fett... flüstert sie dir zu. Und du nickst grinsend und schwachsinnig glücklich stimmst du dieser Einflüsterung zu.

Wenn du ein paar Mal im Monat ganz brav deinen Verpflichtungen nachgekommen bist und jede der übernommenen Obliegenheiten gewissenhaft bis zum Schluss erfüllt hast, kommen die unerbittlichen, erbarmungslosen, gefühllosen und gnadenlosen Inquisitoren. Auf eiskalter, brutal klarer, digitaler Anzeigentafel schleudern sie dir deine Vergehen grell und schrill auf die Netzhaut, dass du fast erblindest. Was also machst du? Du kaufst dir eine neue Brille – die mit den getönten Gläsern. Aber... um im Gleichgewicht zu bleiben, folgst du wieder denen auf der lautstarken Oppositionsbank und marschierst in Richtung Aerobic-Centre und Pilates-Klasse. Meine inneren Terroristen lachen sich mittlerweile schon schlapp, denn um sie kümmert sich kein Innenminister mit entsprechend rigoroser Gesetzgebung.

Und wer kümmert sich um uns, den Sklaven von unsichtbaren, Terror ausübenden Gefühlen, bei denen der Verstand keine Überlebenschance hat? Gefühle, die die Macht des freien Willens außer Kraft setzen? Empfindungen, die den männlichen Persönlichkeitsanteil (sprich Verstand) kastrieren? Lustgefühle, die jeden vernunftbegabten Vertreter der Spezies Mensch als Vollidioten entlarven? Und... Gaumenverzückungen, die das rationale Denken schlichtweg ausknipsen?

Hunger? Nein, Hunger ist nicht mein Problem. Ich habe mich nämlich jetzt einmal richtig schlau gemacht. Im Zeitalter des Internets kann ja heute jeder auf jede Information zugreifen. Ich habe jedenfalls jetzt meinen Knackpunkt ausfindig gemacht. Es ist nicht das Hungerzentrum in meinem Oberstübchen, das zu Unregelmäßigkeiten neigt, sondern – gleich nebenan – das Sättigungszentrum, das zickt ständig rum. Endlich habe ich meine Terroristen identifiziert und kann sie namentlich benennen: Sie heißen Leptin, Ghrelin, Serontonin und Insulin. Schon an der Namensgebung kann jeder erkennen, dass sie demselben Clan angehören. Nun – ich habe zwar keine Phantombilder, um sie gefangen zu nehmen, aber das dürfte nur noch eine Frage der Zeit sein. Das Ausbildungslager dieser Horde liegt im Norden, im Hypothalamus. Aber das ahnte ich ja schon. Die Sympathisanten dieser Gesetzesbrecher sind aber im gesamten Gebiet aller Körperregionen verstreut: in den Nebennieren, in der Schilddrüse und im Stoffwechsel – so wurde mir berichtet.

Ja, toll! Ich weiß zwar jetzt, wie einwandfrei das ausgeklügelte Netzwerk der BMI-Terroristen funktioniert, aber niemand erklärt mir, wie ich dieser Gewaltherrschaft, dieser Knechtschaft entkomme.

Mein Brief an das deutsche Innenministerium in Berlin blieb bisher unbeantwortet, obwohl die doch für die inneren Angelegenheiten zuständig sind. Aber...was will man schon von Politikern erwarten? Immer versprechen sie, was sie dann ohnehin nicht halten.

Bis vor einiger Zeit habe ich mich noch irgendwie mit all den Widersprüchen und Konflikten arrangiert, aber so langsam kann ich meine vornehme und distinguierte Einstellung gegenüber dieser Tyrannei nicht aufrecht halten. Meine Überlegungen gingen in die Richtung, den Stier bei den Hörnern zu packen, das Übel an den Wurzeln auszureißen. Ich habe eine entsprechende Petition an den Landtag geschickt.

Warum gibt es vor jedem dieser offiziellen Galaempfänge keine Abfangjägertruppe, die die Charakterfestigkeit der Sterneköche genauestens überprüft? Das Gesetz müsste festschreiben, dass jeder dieser Meister der Töpfeklapperer als allererstes die wahre Kunst der Trennkost beherrschen lernt, nämlich die Trennung von Kalorien und Köstlichkeiten, von Jus und Joule, von Speck und Rollen, von Fett und Polstern.

Ja, jetzt habe ich Hunger. Großen Hunger.

Hunger auf Kleidergröße 34. Na ja...wenigstens 44.

Ich musste mir gerade eine komplett neue Garderobe zulegen. Du kannst ja schließlich nicht immer mit denselben Klamotten auftauchen, wenn es um Spendenaktionen im Spiegelsaal des XY-Hotels geht oder um Wohltätigkeits-Diners im MN-Palast oder gar um Benefiz-Veranstaltungen im YZ-Schloss geht. Außerdem scheint die Bluse, die ich vor drei Monaten bei Chez Gaby gekauft habe, beim Waschen extrem eingelaufen zu sein. Das Beratungspersonal ist eben auch nicht mehr das, was es früher einmal war.

Ich stehe noch immer unter Schock, denn schließlich wirken die tollsten Klamotten nur bis Kleidergröße 36. Ab Größe 46 bist du eine Witzfigur. Du darfst dich getrost einer Spezies zugehörig fühlen, die sich nicht im eisernen Griff der Modeldisziplin hat. Tja... und dazu gehöre ich jetzt. Zumindest laut Waage-Inquisition und Modeschöpfer-Verrätern.

Und ich? Ich bin das Schlachtfeld, auf dem der Krieg der Despoten ausgetragen wird. Ich leide unter der Unvereinbarkeit der Expertenmeinungen, der Expertise der Sterneköche und der Exklusivität der Diätversprecher, der Fertigkeit der Maitres des Cuisines und der Festigkeit der Meister der Inquisition, der Begabung der Kellner und der Befähigung der BMI-Kenner.

Und dann wachst du eines Morgens auf und stellst fest, dass dein Hunger ein Eigenleben führt. Unabhängig von dir. Losgelöst von irdischen, leiblichen Wirklichkeiten. Fernab jeder Realitätsbezogenheit. Ja... und dann kapitulierst du. Du gibst jeglichen Widerstand, jegliche Abwehr und jedweden Eigensinn auf. Du überlässt das Revier resignierend den übermächtigen, nicht greifbaren, im Untergrund agierenden Terroristen. Das ist das Halali für die große Depression. Nein, nicht die der Wirtschaft oder der Aktienkurse, sondern die, die nur mit Trüffel gefüllten Pralinen, Marzipan geschwängerten Schokoladeneclaires oder zweifarbigen Nougatschnitten in Schach gehalten werden kann. Selbst die Vorankündigung auf ein Galadiner mit sieben Gängen und den angedeuteten Beispielen, was dich kulinarisch erwartet, lässt zwar das Wasser in deinem Mund zum Silbersee anschwellen, aber der Gedanke an die anzuschaffenden Stoffballen, um deine überfrauliche Figur zu schmücken, lässt dich zögern. Die Wahrscheinlichkeit, dass das Event vorbei ist, bevor die Näherin mit der Anfertigung deines Abendgewandes fertig ist, ist einfach zu groß. Außerdem… du hast ja schon längst deinen gut bezahlten Job verloren und gehörst eigentlich schon zu denen, die von den Benefiz-Veranstaltungen profitieren sollten, für die gesammelt wird. Wird dir das erst klar, wandelt sich die Depression zu einer ausgewachsenen Psychose und du denkst zum ersten Mal darüber nach, deine teuren Massen per Life-Webcam zu vermarkten. Von irgendetwas muss der Mensch ja leben. Ja, mach dir klar, irgendwann geht es ums nackte Überleben. Und wenn du bei Wikipedia nachschaust, findest du die Erklärung, dass der Überlebensinstinkt, wie siamesische Zwillinge, mit der Nahrung untrennbar verbunden ist. Und welche Region im Gehirn ist dafür zuständig? Na klar! Hypothalamus! Wer sonst? Und damit ist der Kreis für immer geschlossen. Du bist unentrinnbar im Camp der BMI-

Terroristen gefangen. Dein Hunger wird sich wie eine kosmische Nebelspirale ins Unermessliche steigern und sich letztlich in den Tiefen des Weltalls verlieren.

Und das nennt sich Demokratie?

Hunger, d.h. MBI-Terroristen, wie so viele unserer Spezies-typischen Funktionsweisen, gehören nicht zu den Eigenschaften, die sich jemals eingrenzenden Staatsformen, bevormundenden Gesundheitsmedizinern oder gängelnden Modedesignern unterwerfen.

*

Frühjahrsputz

Heute Morgen – um halb zehn
packte mich ein tiefer Groll
dem Staub sollt's an den Kragen gehen
ich hatt' davon die Nase voll

Eimer, Bürste, Besen, Lappen
diese Waffen sind grandios
als den Schrubber ich will schnappen
bricht bei mir der Teufel los

Ich rutsch aus, der Eimer kippelt
er ergießt sich hemmungsfrei
die Katze wär' fast abgenippelt
denn sie stand zu nah dabei

unser Hund fing an zu bellen
als die Katze sprang empor
an der Tür fing's an zu schellen
Jehovas Zeugen stehn davor

Unsre Mieze springt ans Fenster
Blumen fliegen und es klirrt
Bello glaubt es sind Gespenster
springt hinterher – total verwirrt

mit seinem Schwanz er wedelt hitzig
der Vogelkäfig wird verprellt
und Hansi findet's gar nicht witzig
dass er nun von der Stange fällt

der Vogelkäfig kommt ins Schlingern
ich greif danach – es ist zu dumm
kann ihn nicht packen mit den Fingern
er landet im Aquarium

Die Guppys wetzen in die Ecken
das Motto: rette sich wer kann
der Wels versucht sich zu verstecken
er saust umher – hat keinen Plan

als der Käfig fast gesunken
und der Hansi spuckt und speit
fast als hätt' er Bier getrunken
gänzlich nass sein Federkleid

Mieze steht mit steifen Ohren
vor dem Käfig – ganz erregt
schwitzt aus allen Miezeporen
schaut, ob Hansi sich bewegt

kommt der Bello mit Geschnupper
prüft ob Hansi doch noch lebt
ging er schon über die Wupper?
ob er schon im Jenseits schwebt?

Mieze findet das nicht lustig
faucht und zischt, schafft sich Gehör
ja – es macht sie ganz schön frustig
und wünscht sich jetzt ein Schießgewehr

Doch der Bello zeigt die Zähne
bellt zurück – und nicht zu knapp
Mieze sträubt gleich ihre Mähne
kann das Bellen gar nicht ab

wie zwei Feinde vor dem Kampfe
halten sie sich noch bedeckt
jetzt fehlt nur noch Hufgestampfe
und die Szene wär' perfekt

Hansi kommt zurück – er lebt
schüttelt sich – das Wasser spritzt
rasch zu seiner Stange strebt
denn der Hansi ist gewitzt

Die Mieze trippelt in die Ecke
streckt sich aus – ganz mit Genuss
und krabbelt leis' unter die Decke
beleidigt pflegt sie den Verdruss

Auch die Fische haben Frieden
Stille ist um sie herum
Alle sind sie heil geblieben
Ruhe im Aquarium

Bello trottet unentschlossen
hin und her – von Wand zu Wand
hat das Chaos sehr genossen
fand das Spiel höchst amüsant

Da steh' ich nun mit meinem Besen
und frag – was soll ich daraus lernen?
ich bin hoch motiviert gewesen
und wollte nur den Staub entfernen

Mit Eimern, Bürsten oder Tüchern
der Frühjahrsputz jetzt geht nicht mehr
bei Ungemach mit solchen Viechern
muss jetzt der Renovierer her

*

*

*

Die Arbeitswelt

Was für eine geniale Wortkreation!

Wie gut, dass es eine eigenständige Welt gibt, in der ausschließlich die Arbeit im Zentrum des Geschehens steht. Wie beruhigend, dass eine autonome, rein sachliche Welt existiert, die von Stellenabbau, Rationalisierung, Gewinnmaximierung und Verlagerung ins Ausland geprägt ist. Endlich die heile Welt, die losgelöst von menschlichen Bedürfnissen, emotionalen Sehnsüchten und ethischen Geboten ist, die ohnehin nur zur Verwirrung des klaren Denkens führen. Arbeit ist eine Tätigkeit, die von einem Menschen effizient auszuführen ist. Eine Handlung. Ein Dienst. Eine Leistung. Was hat das mit Emotionalität, mit Gefühlsduselei zu tun?

Wir alle wissen: Sprache schafft Realitäten.

Endlich kann jeder sein Leben in klar abgegrenzte Welten aufteilen. Jeder weiß, was von ihm in der Arbeitswelt verlangt wird, denn scharf formulierte Anforderungsprofile lassen keine Unklarheiten aufkommen. Niemand braucht sich Gedanken zu machen, wie er sich zu verhalten hat, denn seine entwickelte Teamfähigkeit, sein ausgeprägtes Engagement und hohe Motivation werden ihm den Weg weisen. Gut – vielleicht gibt es ein paar kleinere Schwierigkeiten mit den entsprechenden Nachweisen, denn weder in der schulischen, noch in der beruflichen Ausbildung, noch während des Studiums standen diese Eigenschaften zur Entwicklung auf dem Lehrplan. Aber, wen interessiert das schon? Außerdem… das Assessment Center kann jeder mit links schaffen. Schließlich gibt es genügend Literatur auf dem Markt, in der die Aufgaben gut aufbereitet und die Lösungen jedermann zugänglich sind. Selbständige Arbeitsweise, wie es in den meisten Stellenangeboten verlangt wird, ist ohnehin nur Schaumschlägerei, denn wer nicht tut, was Vorgesetzte verlangen, hat sowieso schon verloren. Solange Gefühle, Bedürfnisse und Sehnsüchte unter Verschluss gehalten werden, so lange ist die heutige Arbeitswelt in bester Ordnung. Das ist alles nur eine Frage der Eigendefinition. Man muss nur wissen: wer tummelt sich sonst noch in der Welt der Arbeit? Gibt es auf dem Spielfeld der Arbeitswelt Begleiter und Mitspieler? Gibt es Gegner? Was ist das Ziel des Spiels? Man muss nur wissen, welche Richtung der Trainer vorgibt und in welche Richtung die Spieler laufen. Dazwischen muss man sich platzieren und geschickt mal die ein Seite und mal die andere Seite befriedigen.

Vor allen Dingen muss man sich offiziell von der Gewerkschaft fern halten, denn es ist brandgefährlich, die tiefe Sehnsucht nach Anerkennung, Wertschätzung, Achtung, Respekt und Würdigung des Individuums öffentlich zu befürworten. Noch schlimmer sind die, die die heutige Welt der Arbeit zu einer Unmöglichkeit, zu einem Szenario geistiger Verwirrtheit und zu einem Ort des Schreckens abstempeln. Man sollte tunlichst zu jenen Kolleginnen und Kollegen Abstand halten, die fragen, wo die persönliche Befriedigung geblieben ist, die den Stolz auf den individuellen Beitrag in einer Kette von Produktionsschritten gebiert? Mit denen sollte sich natürlich niemand beschäftigen. Man sollte seine Distanz zu dieser Gruppe bei jeder Gelegenheit demonstrieren. Besonders in den Kantinengesprächen muss man aufpassen, nicht zu denen gezählt zu werden, die den Stellenwert des Einzelwesens in der Arbeitswelt hinterfragen. Es soll sogar subversive Strömungen geben, die behaupten, dass wir uns als Spezies eingestehen müssen, die heutige Arbeitswelt tatsächlich von denen zu lösen, die sie ausführen. Das wird als der größte Affront gegen die Trainer angesehen bzw. von denen, die von sich behaupten, diese Fähigkeiten zu besitzen.

Jedenfalls – wer sich eine Familie ans Bein bindet, Kinder in die Welt setzt und ein Einfamilienreihenhaus über Banken finanziert, der hat ohnehin eine Schraube locker. Sollen sich doch andere um Kindergeschrei, vollgemachte Windeln und Elternzeiten kümmern. In der makellosen, fehlerfreien Welt der Arbeit ist kein Platz für solch einen Luxus. Außerdem leidet die Flexibilität, Einsatzbereitschaft und Mobilität unter derartigen Ausschweifungen. Jeder, der in der Arbeitswelt erfolgreich sein will, sollte zudem bedenken, dass es kaum noch Frauen gibt, die sich mit der klassischen Rollenverteilung zufrieden geben. Deshalb spielen auch Frauen auf dem Spielfeld der Arbeitswelt mit. Und dann ist besondere Vorsicht geboten, denn die können nur zu den Emanzen gehören, die durch ihre Reize Karriere machen. Natürlich auf dem Rücken der hart arbeitenden, männlichen Kollegen. Aber, da sieht man mal wieder, in dem Augenblick, wo Emotionen, Instinkte und Triebe auftauchen, stürzt die sonst so perfekt organisierte, auf Fakten und Zahlen ruhende Arbeitswelt ins Chaos. Menschlichkeit hat in der Arbeitswelt nichts, aber auch gar nichts zu suchen. Wann begreifen wir das endlich – und zwar als Spezies?

Außenseiter?

Wer kennt sie nicht? Die Außenseiter unserer durch und durch „geordneten“ Gesellschaft? Die wie nicht zu entfernende Flecken die weiße Weste der sittlich gefestigten Allgemeinheit verunzieren? Die Moral traktierenden, Anstand verwundenden Eigenbrötler?

Franz gehörte zu jenen. Er war ein Penner.

Aber – er besaß eine Brücke. Die uralte Backsteinbrücke am Ortsrand war sein Zuhause. Das war *seine* Brücke. Die mit Moos bedeckten Bogengänge waren seine Zimmerwände. Und an jenem späten Nachmittag begann er, es sich für die Nacht bequem zu machen. Zeitungen, Kartons, Schachteln und Holzkisten – Trophäen des Tages – sollten ihn vor der beißenden Zugluft schützen, die im Gewölbe ein Pfeifkonzert übelster Art veranstaltete. Dennoch… er liebte diesen Platz. Hier war er allein. Allein mit seinen Gedanken. Allein mit seinen Gefühlen. Allein mit seinen Ideen und Phantasien, seinen Luftschlössern und Wünschen, seiner Trauer und – seiner Sehnsucht. Hier durfte er dösen, träumen, seufzen. An jenem Abend jedoch kam alles anders. Ganz anders.

Wie gewohnt, ordnete, türmte und drapierte er seine Tagesschätze, streifte seine löchrige Mütze über und steckte seinen Kopf in einen der größeren Kartons. Das dämpfte das Pfeifen. Gerade wollte er sich ungeniert seinen Wunschträumen hingeben, als er hörte, wie sich schlurfende Schritte näherten. Unwillig befreite er sich aus der Papphülle und schaute sich verärgert um. Wer wagte es, ihn zu stören? Sein Groll verflog augenblicklich, als er entdeckte, dass der Frau mit dem verhärmten Gesicht, Tränen über die Wangen liefen. Ihre roten Schuhe waren ebenso ausgetreten, wie die seinen. Auch der braune Mantel konnte es an Verschlissenheit mit dem seinen aufnehmen. Ihre Hände steckten in giftgrünen Fausthandschuhen, die bessere Tage gekannt hatten, und den dunkelroten, mottenzerfressenen Wollschal hatte sie fest um den Hals geschlungen. Jedes andere, fremde Wesen, das einen Platz unter seiner Brücke beanspruchte, hätte er lauthals davongejagt. Doch der Anblick dieser Frau berührte ihn. Noch nie hatte er ein solches Bild des Jammers gesehen. Noch nie. Und er hatte wahrlich schon viele Jammergestalten getroffen. Wortlos übernahm er die Deichsel ihres vierrädrigen Holzwagens, auf dem sie ihre Habseligkeiten hinter sich her zog und führte sie zu seinem zugigen Lager. Mit zitternden Händen entfachte er die rostige Petroleumlampe, die das Gewölbe in flackerndes Licht tauchte. Schweigend reichte er ihr die Flasche, die sie mit dankbarem Blick ansetzte und zurückgab. Allmählich schien sich die Frau zu beruhigen.

„Wie heißt du?“, fragte er.

„Marietta. Und du?“

„Franz.“ Er zögerte. „Was machst du hier?“ fragte er weiter. Wieder flossen Tränen und sie schluchzte leise vor sich hin. Franz fühlte sich unbehaglich. Was sollte er tun? Frauen gab es schon seit Jahren nicht mehr in seinem Leben. Und schon gar keine weinenden. Wie alt mochte sie sein, fragte er sich und prüfte ihre Gesichtszüge. Bestimmt nicht älter als ich, vermutete er. Franz sah sich in seiner Hilflosigkeit gefangen. Aber er hatte gelernt, zu warten. Als er bemerkte, dass das Schluchzen leiser wurde, fasste er Mut.

„Warum bist du so traurig, Marietta?"

Ihr Blick traf ihn mitten ins Herz. Noch nie hatte er derart traurige Augen gesehen. Und Franz hatte schon in viele traurige Augen geschaut. Ihre zeigten ihm die Hölle, die ihrer Seele zusetzte. Unwillkürlich wich er zurück.

„Es ist vorbei", hörte er sie flüstern.

„Was ist vorbei?"

„Mein Leben."

„Dein Leben?"

„Ja. Mein Leben."

„Aber… wieso denn?"

„Weil er tot ist."

„Wer ist tot?"

„Mein Bernie."

„Dein Bernie?"

„Ja, mein Bernie."

Franz wusste nicht weiter. Er war froh, dass sie nicht wieder zu weinen anfing und wagte kaum, weiter zu fragen. Doch die Neugier siegte. „Wer ist… ich meine war Bernie?"

Sie kämpfte mit ihrer Pein. „Bernie war mein bester Freund. Und nun ist er tot."

„Das tut mir leid, Marietta.“ Er zögerte. Was sollte er dazu sagen? Er überlegte einen Augenblick. „Wie lange wart ihr zusammen?“

„Fünfundzwanzig Jahre.“

Er zupfte an seiner Mütze und kroch tiefer in seinen Mantel.

„Das erinnert mich an meine Luise.“

„Deine Frau?“

„Ja. Wir waren mehr als dreißig Jahre zusammen.“

„Und?“

„Dann starb sie. Und ich bin hier gelandet.“

„Wieso?“

Noch nie hatte Franz mit jemandem darüber gesprochen. Sollte er jetzt? Er ließ sich Zeit. Aber, warum eigentlich nicht?

„Am Anfang war der Schmerz zu groß“, antwortete er, „Später war es mir egal. Und dann… dann war mir irgendwann alles egal.“

„Und jetzt?“

„Jetzt?“

„Ja, jetzt.“

„Jetzt träume ich von ihr.“

„Du meinst… du hast sie nie vergessen?“

Franz lächelte. „Nein. Vergessen habe ich sie nie, aber es tut nicht mehr weh. Nur...“ Er drehte sich zur Seite.

„Nur – was?“

„Nur die Sehnsucht, die ist geblieben.“

„Sehnsucht?“

„Na, diese Sehnsucht nach Nähe, nach Wärme, nach Teilnahme. Die bin ich nie losgeworden."

Beide schwiegen. Nur das Heulen der Luftwirbel unter dem Brückengewölbe blieb unbeeindruckt.

„Franz?"

„Ja."

„Darf ich dich mal was fragen?"

„Sicher."

„Darf ich heute Nacht hierbleiben?"

Franz war sprachlos. Der Gedanke, seine Brücke mit jemandem zu teilen, war zu ungeheuerlich. Das hatte es in den zwanzig Jahren, die er hier verbracht hatte, nicht gegeben. Marietta schien sein Erschrecken bemerkt zu haben. „Ich weiß, es ist dein Platz. Aber… aber heute kann ich nicht allein bleiben. Nicht heute. Nicht diese Nacht. Nicht jetzt, wo Bernie tot ist."

In seinem Innersten regte sich eine Erinnerung, die Franz für immer vergraben glaubte: Verlangen! Erregt sprang er hoch und rannte auf und ab. Wie ein Raubtier im Gitterkäfig. Oh, wie verzweifelt hatte er damals mit seinem Verlangen gekämpft! Seinem Verlangen nach Nähe, Wärme und Geborgenheit. Wie hätte er damals sein Verlangen stillen sollen? Ohne Luise? Undenkbar! Aber, das Verlangen war nicht tot – nur zur Sehnsucht zusammengeschmolzen! In diesem Augenblick fiel es ihm schlagartig vor die inneren Füße: seit zwanzig Jahren hatte er all seine Kräfte dazu verwendet, sein Verlangen zu unterjochen. Ohne Erfolg. Er war vor dem übermächtigen Verlangen geflüchtet und der kleinen

Schwester, der Sehnsucht in die Falle gegangen. Die Sehnsucht war allgegenwärtig. Fraß ihn innerlich auf. Und jetzt tauchte Marietta auf. Sie zeigte ihm, wie groß sein Schmerz und seine Seelenqualen gewesen waren. Es war *seine* innere Hölle, die er in ihren Augen gesehen hatte. *Oh mein Gott*!, dachte er. Die Erkenntnis rollte über ihn hinweg wie eine Welle, die alles fortspülte, das sich ihr in den Weg stellte. Er ging vor ihr in die Knie. „Marietta, ich danke dir." Nun meldeten sich seine Tränen. All die Tränen, die er unterdrückt, geknebelt, nieder gehalten, erstickt, herunter geschluckt, verdrängt und geleugnet hatte. Unaufhaltsam krochen sie aus ihrem unsichtbaren Verließ und hämmerten gegen die geschwächte Bastion seiner Abwehr. Und er ließ sie frei. Bebend zog er an Mariettas Fausthandschuhen, formte eine Mulde aus ihren Handflächen und legte sein nasses Gesicht hinein. Marietta rührte sich nicht. Zornig heulte der Wind im Gewölbe unter der Brücke. Wie viel Zeit auf diese Weise verging? Franz wusste es nicht. Als er aufschaute, sah er in ihre Augen. Augen, denen eine unendliche Ruhe, Wärme und Teilnahme entströmte. Welch eine Verwandlung!

„Heißt das… ich darf bleiben?", fragte sie.

„Ja, Marietta. Ich würde mich freuen, wenn du bleibst. Weißt du, ich habe mich nie getraut, mir das einzugestehen, was du mir gezeigt hast. Gut, ab und zu habe ich ein paar Tränen verdrückt. Aber, was du mir enthüllt hast, war das *heute*, das *jetzt*!"

Als er ihren unverständigen Blick auffing, fuhr er fort: „Ich war so dumm! So schrecklich dumm. Seit Jahren laufe ich vor dem *Jetzt* davon. Dabei findet das Leben doch immer nur im *Jetzt* statt. Bis jetzt war ich allein, so wie in allen *Jetzten* der vergangenen zwanzig Jahre. Das ganze Leben ist eine Kette… von einem Jetzt zum anderen. Du bist *jetzt* traurig und brauchst *jetzt* einen Freund. Einen, der dich *jetzt* tröstet. Der dich *jetzt* festhält."

„Ja, Franz. Das ist genau das, was ich mit Bernie erlebt habe. Wir waren immer im *Jetzt*. Wir haben nie an die Zukunft gedacht. Sind nie in der Vergangenheit hängen geblieben. Wir waren zusammen – im Jetzt. Aber das Jetzt mit Bernie ist vorbei. Dieses Jetzt gibt's nicht mehr."

Franz lächelte. „Und jetzt?"

„Ja... und jetzt?"

„Jetzt, liebe Marietta, beginnt ein neuer Abschnitt. Lass uns mal sehen, was das jetzt für uns bedeutet? Heißt das nicht, dass wir das vergangene Jetzt – du mit deinem Bernie und ich mit meiner Luise – loslassen müssen, wenn wir ein neues Jetzt erleben wollen?" Er tippte an seine Brust: „Hier drin war ich schon lange tot, denn ich lebte nur noch in der Vergangenheit. Ich wollte kein Jetzt mehr. Nicht ohne Luise."

„Genau wie ich. Das Leben machte keinen Sinn mehr für mich. Jetzt, wo Bernie tot ist."

„Und damit bist du ihm genauso untreu geworden wie ich meiner Luise. Glaubst du, dass die beiden wollen, dass wir aufhören zu leben, nur weil sie nicht mehr da sind?"

Marietta schüttelte den Kopf. „Nein. Ganz bestimmt nicht. Das hätte Bernie nie gewollt."

„Siehst du? Komm. Wir machen es uns jetzt gemütlich hier unter meiner Pappdecke."

„Warte! Ich habe noch einen alten Mantel in der Karre. Der wird uns warm halten."

Als er sie an sich drückte, flüsterte er: „Und morgen gehen wir ins Obdachlosenasyl."

„Ja, du hast recht. Ich glaube, der Winter wird hart. Aber lass uns jetzt erst mal schlafen."

„Ja, jetzt."

Er blies die Petroleumlampe aus.

Er dachte: *was ist verwundeter Anstand angesichts genesender Seelen? Und welche traktierte Moral spielt eine Rolle, wenn Herzen sich entbürden? Wer ist in solchen Augenblicken, jenen kostbaren und seltenen Jetzten der Außenseiter?*

*

Ein Tag im Zoo

Bei uns, man kaum es glauben mag,
geht's zu, grad wie im Taubenschlag
die Haustür zu, die Haustür auf
die Kinder stets im Dauerlauf

Zehn Kinder wohnen hier bei uns,
dazu die Oma und der Hund
und manchmal ist es geradeso,
als wäre man in einem Zoo

Die Jutta unser jüngstes Kind
ist wie ein Gepard so geschwind
Der Älteste, das ist der Klaus,
schleicht wie die Katze um das Haus

Der Frieder sitzt am Küchentisch
bleibt immer stumm wie unser Fisch
die Katja selten ich hier seh'
denn sie ist scheu, ganz wie ein Reh

Der Anton, dieser schlaue Fuchs,
schaut meist nur zu, grad wie der Luchs
nur Kurt, in Decken eingehüllt
immer wie ein Löwe brüllt

Kommt Karl herein sieht man genau
stolziert im Zimmer wie ein Pfau
und Laura mit der blonden Mähne
dann kichern muss wie die Hyäne

Der Peter – das ist gar nicht fein
kann stur, so wie ein Widder sein
sanft wie ein Lamm die Jule ist
kennt keinen Streit und keinen Zwist

Die Oma mit der großen Nase
stets mümmelt wie ein kleiner Hase
Vater schaut mal kurz herüber
ist immer fleißig wie ein Biber

Und schau ich dann zu später Stunde
ein letztes Mal noch in die Runde
dreh den Schlüssel in der Tür
und schlafe wie ein Murmeltier
*

Sandkastenspiele

Du redest von Macht?

Meinst du das, was in den Medien kursiert – oder das, was Macht tatsächlich ist und ausmacht?

Hier sitze Ich auf Wolke 4.47^{9235} mit Meinem Rauschebart und schaue Mir höchst amüsiert das Schauspiel an, das ihr auf Erden aufführt. Lass Mich dir ein paar Fragen stellen und ein paar Ideen als Inspirationshilfe geben, damit du eine neue Sichtweise von ‚Macht' überprüfen kannst. Eine, die Ich unter diesem Begriff abgespeichert habe. Vielleicht gefällt sie dir besser, als deine bisherige.

Hältst du das Muskelspiel islamischer Politiker, Kleriker und Führer für eine Demonstration von echter Macht? Damit stimmst du dem Peter von nebenan zu, der seine Frau jeden Samstagabend verprügelt.

Das fällt in dieselbe Kategorie.

Glaubst du, dass Terroristen über Macht verfügen, weil sie zwei Steintürme in die Luft sprengten? Damit stimmst du Klein-Egon zu, der die Sandburg seiner Sandkastenfreunde zerstört.

Das fällt in dieselbe Kategorie.

Bist du der Meinung, dass Unternehmer, die ihre Produktionsstätten ins billige Ausland verlegen und Tausende von einheimischen Arbeitsplätzen zerstören, über Macht verfügen? Damit stimmst du der Sieglinde von gegenüber zu, die sich bei Schwierigkeiten schmollend in die Ecke zurückzieht, um ihren Kopf durchzusetzen.

Das fällt in dieselbe Kategorie.

Oder bist du überzeugt, dass eure Finanzbehörden die Macht besitzen, den so genannten kleinen Mann auszuquetschen? Damit stimmst du dem Carlo zu, der glaubt, durch Schutzgelderpressung seinen Lebensunterhalt bestreiten zu können.

Das fällt in dieselbe Kategorie.

Immer noch glauben viel zu viele Menschen, dass Machtausübung ein ungehöriges Verhalten beschreibt, weil Macht von eurer Spezies meist mit Druck, Missbrauch oder Gewalt gleichgesetzt wird. Mit Diskriminierung, Abhängigkeit oder Herabsetzung. Mit Erniedrigung, Diffamierung oder Demütigung.

Was ist das für eine Macht, die solche Mittel benötigt, um als Macht anerkannt zu werden?

Sprechen diese Mittel nicht vom Gegenteil?

Von Ohnmacht?

Ein solches Verhalten habe Ich, auf Meinem himmlischen Thron, von dem Ich den Überblick über den Spielplatz Erde behalte, nicht nötig.

Wahre Macht braucht weder Muskelspiele noch öffentliche Demonstrationen.

Weder Zurschaustellung noch Drohungen.

Weder Vorführungen noch Spiele.

Macht, die Abhängigkeiten schafft, ist Tyrannei.

Macht, die Unterwerfung fordert, bringt Knechtschaft.

Macht, die Gewalt benötigt, um zu bestehen, ist Willkürherrschaft.

Macht, die zerstört, bezeugt Primitivität.

Seid ihr eine Spezies von Primitiven?

Es spricht nicht gerade für hoch entwickelte, mächtige Kreaturen, wenn wieder einmal tote Kleinkinder in Müllbeuteln, in Gefriertruhen oder in Containern gefunden werden.

Es spricht nicht gerade für zivilisierte, mächtige Kreaturen, wenn auf der Pädophilenplattform Kleinstkinder zu Höchstpreisen angeboten werden.

Es spricht nicht gerade für intelligente, mächtige Gesellschaften, wenn täglich Tausende von Menschen auf eurem gemeinsamen Planeten Hungers sterben.

Seid ihr als Spezies ein Missgeschick Meiner Schöpfung?

Ist es möglich, dass Menschen die einzige Spezies sind, bei dem Ich als Erbauer Mist gebaut habe?

Kann Ich Mich, als Allmächtiger, so sehr geirrt haben? Kann Ich tatsächlich Murks verzapft haben, als Ich euch erschuf?

Oder traut ihr euch einfach nicht, die Macht, über die ihr tatsächlich verfügt, einzusetzen?

Bewusst einzusetzen?

Ihr alle wollt euch großartig fühlen.

Warum tut ihr es dann nicht einfach?

Warum macht ihr den Mund nicht auf, wenn ihr euch wieder einmal gedemütigt, erniedrigt oder ausgebeutet erlebt?

Weshalb legen die Mitarbeiter eines Unternehmens, das seine Produktion ins Ausland verlegen will, nicht vollständig und auf der Stelle die Arbeit nieder?

Wieso arbeiten sie geduldig weiter bis zum Tage x, anstatt der Unternehmensleitung wenigstens bis dahin Millionenverluste einzufahren?

Vielleicht besinnt sie sich dann.

Seid ihr immer noch eine Spezies von Obrigkeitsnickern?

Von geduldigen Opfern, die zur Schlachtbank geführt werden?

Von ach so unschuldigen Lämmern, die nur darauf warten, dass ihnen die Kehle durchgeschnitten wird – von den vermeintlich Mächtigen?

Zerstören können die kleinsten Kinder.

Und was hat das mit Macht zu tun?

Wirkliche Macht baut auf.

Spendet Leben!

Spricht die Sprache der Gemeinsamkeit, des Miteinander und der Partnerschaft auf Augenhöhe.

Des gegenseitigen Respekts, der wechselseitigen Achtung.

Wahre Macht ist mit Verantwortung gepaart.

Es sind nur die beiden Seiten ein und derselben Medaille.

Und genau die, die auf eurem Planeten tatsächlich über diese Macht verfügen, bleiben bescheiden im Hintergrund, auch, wenn sie zunehmend eure Aufmerksamkeit erregen, eben weil sie von ihrer Macht Gebrauch machen: ohne Gewalt und ohne Konflikte.

Ich spreche von der einzigen Macht, die es gibt.

Die einzige, die im ganzen Universum existiert.

Die einzige, die ihr alle kennt und über die ihr verfügt.

Die einzige, die diesen Namen verdient.

LIEBE.

Liebe ist die einzige, wahre Macht.

Und es sind meist die Frauen, die sie lautlos ausüben.

Die keine Lobby haben.

Die keine Gewalt anzuwenden brauchen.

Die in jeder Hinsicht gesellschaftlich ausgebeutet werden.

Die für ihre Tätigkeit von euch den kollektiven Tritt in den Hintern bekommen.

Die, die von „Mächtigen Männern‘ in vielen Gesellschaften vergewaltigt werden.

Ich spreche auch von Hausfrauen und Müttern.

Die, die des Nachts aufstehen, wenn ihre Kinder Ohrenschmerzen haben und Tropfen brauchen.

Die, die Taxifahrerin und Köchin, Krankenschwester und Nachwuchsförderin, Putzfrau und Bügelfrau, Schiedsrichterin und Nachhilfelehrerin zugleich sind.

Die, die ihr ganzes Leben für die Kindererziehung und als Ehefrau hergeben, um am Ende, falls ihr Ehemann vor ihr von seinem Ableben Gebrauch macht, mit nur noch 55% der gemeinsam erworbenen Rente abgespeist zu werden.

Diese Ungerechtigkeiten, diese Ausbeutung und diese gesetzlich verankerte Diskriminierung beantworten diese Frauen heute durch Verweigerung.

Sie weigern sich, Kinder zu kriegen.

DAS ist Macht.

Ohne Kriege. Ohne Gewalt. Ohne Worte.

Der gewaltlose Gebrauch dieser Macht, der Geburtenrückgang, hebelt eure schönen Konstrukte, eure selbstgemachten Systeme aus – das, wovon eure Anarchisten träumen und worin sie trotz ihrer ganzen ‚Macht' durch Gewaltausübung bisher erfolglos blieben.

Das Schönste an der einzigen, wirklichen Macht – der Liebe – ist, dass sie nicht missbraucht werden kann.

Dafür habe Ich bei ihrer Erschaffung Sorge getragen.

Du schüttelst den Kopf? Du denkst an die vielen Frauen, die klaglos misshandelt oder schamlos ausgebeutet werden und sich nicht wehren? Du denkst, dass ihre Liebe missbraucht wird? Nein, mein Freund – du irrst.

Liebe ist ein von Mir erschaffenes Naturgesetz – genau, wie das aerodynamische.

Du kannst es nutzen – aber nicht missbrauchen.

In dem Moment, indem du versuchst, es für Egozwecke einzusetzen, entzieht es sich dir.

Versuche einmal, das aerodynamische Gesetz zu missbrauchen.

Wetten, dass du abstürzt?

Gut. Du kannst mit Kampfflugzeugen Bomben auf Menschen abwerfen und sie töten.

Aber – das stört die Liebe keineswegs.

Liebe ist und bleibt einfach, was sie ist – Liebe.

Liebe spielt sich im Inneren des Menschen ab.

In seinem Geist.

In seiner Seele.

Glaubst du allen Ernstes, dass Liebe auf das Vorhandensein oder Nicht-Vorhandensein eines Körpers angewiesen ist?

Liebe, mein Freund, drückt sich durch Handlung aus – sie ist es aber nicht.

Liebe, die nicht ausgedrückt wird – entzieht sich nur dem, der handelt.

Wer foltert, unterdrückt, ausbeutet oder diskriminiert. der bezeugt, dass es ihm an Liebe mangelt.

Er hat den Zugang zu seiner inneren Tür, auf dem Liebe geschrieben steht, versperrt. Deshalb fühlt er sich ja derart ohnmächtig. Deshalb sucht er ja wie rasend einen Weg, um dieses Gefühl zu ersetzen. Es wird ‚Machtgefühl' genannt, basiert jedoch auf Ohnmacht.

Und das – Mein geliebtes Kind – das ist einfach nur lachhaft.

Als gäbe es einen Ersatz für Liebe.

Liebe kann nicht ersetzt werden.

Liebe hat auch kein Gegenteil.

Weder Hass, noch Angst, weder Groll, noch Widerwille, weder Verbitterung, noch Missgunst sind Gegensätze zur Liebe.

So wie Ich keinen Widersacher habe, so hat auch die Liebe kein Gegenteil.

Liebe braucht auch keinen Schutz.

Wovor sollte sie sich schützen müssen?

Entweder Liebe wird gelebt – und damit entfaltet sich ihre Macht oder sie wird nicht gelebt – und der oder die Betreffende ist ohnmächtig.

Deshalb ist derjenige, der seine Liebe aktiv lebt mächtig und nicht der, der sie empfängt.

Das Gefühl der Stärke, das aus der liebevollen Handlung erwächst, braucht keine Demonstrationen oder Muskelspiele. Diese wahre innere Stärke ist gerade das, was diejenigen so sehr bekämpfen, die glauben, durch Macht ***über*** andere an diese Stärke zu gelangen. Ein Unterfangen, das seit Bestehen der Menschheit noch nie funktioniert hat – und nie funktionieren wird.

Das habe Ich so eingerichtet.

Wahre Macht, wirkliche Stärke ist sanft, leise und ruhig, auch, wenn sie manchmal ein kategorisches und direktives ‚Nein' mit sich bringt.

Nur die Schwachen brauchen Getöse, Kampfgeheul und Schwerterklappern.

Und jetzt habt ihr den Schlamassel.

Als die Pille vor mehr als 50 Jahren erfunden wurde, sollten unliebsame Alimente ausgeklammert werden.

Dass sie einst den Frauen die Macht bietet, endlich von ihrem freien Willen Gebrauch zu machen, hätten sich die Erfinder nie träumen lassen.

Und nun?

Frauen sind sich ihrer Macht zunehmend bewusst und kriegen keine Kinder mehr.

So was Blödes aber auch.

Selbst Millionenbeträge als staatliche Anreize verpuffen in den unendlichen Tiefen Meines Weltalls.

Dabei haben doch eure Frauen nur das nachgemacht, was Männer ihnen als Maßstäbe seit Tausenden von Jahren aufs Auge gedrückt haben. Dummerweise zeigt sich, dass dieses egomanische Modell des Zusammenlebens nicht funktioniert.

Der egozentrische Narzissmus mit ‚in die Luft sprengen', Stellenabbau und Ignoranz der vermeintlich Schwachen hat euch an den Rand dessen gebracht, was man durchaus als Selbstauslöschung bezeichnen kann.

Es bedarf offensichtlich doch der egolosen Liebe der Frau, um als unsichtbare, tragende Säule dem Mann die Illusion seiner Macht zu belassen.

Nur… wer sprengt sich selbst in die Luft, wenn er gar nicht erst geboren wird?

Es dürfte nur noch eine Frage der Zeit sein, wann die Spezies Mensch vom Planeten verschwindet – oder – zur Vernunft kommt.

Fanatismus jeglicher Couleur wird von euch entweder abgeschafft und durch Vernunft ersetzt oder ihr jagt euch buchstäblich in die Luft. Spätestens dann begreift ihr, dass ihr als Spezies tatsächlich und buchstäblich eine große Familie seid – pardon: wart! Spätestens dann erkennt auch der vermeintlich Mächtigste unter euch, dass Ich als Mutter Natur mit meinen unbestechlichen Evolutionsgesetzen eben doch stärker und weitaus mächtiger bin, als das Sandkorn, das sich Individuum nennt. Über welche Macht verfügt ihr als Spezies, wenn verfrühte Tornados, verschlingende Tsunamis oder alles zerstörende Hurrikane euren selbst gebastelten Klimawandel unterstreichen?

Angesichts dieser Macht schrumpft ihr zu Kleinstkindern, die mit Streichhölzern gespielt haben und sich über den Flächenbrand wundern.

Manchmal frage Ich Mich: was muss eigentlich noch alles passieren, dass ihr erkennt, wie gering eure Ego-Macht auf dieser Erde tatsächlich ist?

Euer Größenwahn ist kaum noch zu überbieten.

Da gibt es immer noch Holzköpfe, die glauben, dass alles so weiter gehen könnte.

Die behaupten, dass der Klimawandel nur weiterhin ignoriert zu werden braucht, um ihn abzuwenden.

Die meinen tatsächlich, dass der Wandel an ihrer Landesgrenze Halt macht.

Eure gerade eingeführten biometrischen Daten nutzen euch dabei allerdings nichts. Wie kann man nur so uneinsichtig sein? Wenn Ich nicht der liebende Vater und die liebende Mutter wäre – ich würde euch übers Knie legen.

Doch – Mir sei Dank – habe Ich Meine Gesetze dergestalt verfasst, dass ihr schon noch zur Vernunft kommen werdet. Macht euch keine allzu großen Sorgen. Ich sehe deutlich, dass sich in vielen Ländern, in sehr vielen Gesellschaften eine Veränderung abzeichnet. Und das gefällt Mir. Das erlebe Ich als ungemein spannend – ja sogar prickelnd.

Manchmal komme Ich Mir vor, wie eure Fußballfans, die erwartungsvoll fragen: Schaffen sie den Klassenerhalt oder nicht?

Wisst, Meine lieben Kinder – Ich gewinne immer.

Ganz gleich, was mit euch geschieht – ihr landet sowieso am Ende bei Mir.

Ob ihr Mich auf Erden Allah, Gott, Shiva oder wie auch immer nennt – Ich bin der und die Alles, was ist. An Mir kommt keiner vorbei. Meiner Macht, die ausschließlich die Liebe ist, kann sich keiner entziehen.

Und wenn es weitere Millionen von Jahren dauert… Ich habe unendlich viel Zeit.

Was bedeutet schon Zeit angesichts Meiner Ewigkeit?

Aber, wenn ihr Mir, als dem und der Allmächtigen Glauben schenken wollt, euer Leben würde um ein Vielfaches leichter, wenn ihr Meiner Empfehlung folgt und euch erinnert, dass ihr nach Meinem Ebenbilde von Mir erschaffen wurdet.

Legt eure Illusionen von Macht beiseite und macht von eurer wirklichen Macht, der Liebe, die Ich bin, Gebrauch. Ich warte so lange geduldig.

Meine und eure Macht kennt keine Grenzen, weder im Raum noch in der Zeit, die beide der Illusion angehören. Nur die Liebe ist wahr. Und die einzige Macht, die am Ende übrigbleibt.

*

Nachbarschaft

Ein Sommertag, ein schöner lauer
ist selten friedlich und von Dauer
wohnt neben dir ein Menschenkind
das nicht so friedlich ist gesinnt

Der Fritz stellt laut sein Radio
der Sprecher haspelt fußballfroh
von rechts plärrt Hansens Kinderschar
möcht'st flüchten du ins Haus fürwahr

Die Sonne auf der Liege hält
dich fest in deiner Gartenwelt
du hoffst, du wünschst, du betest leise
drehst um den Baum schon kleine Kreise

Vom Gartenteich von der Frau Rieber
quakt laut ein Frosch zu dir herüber
sucht er nach einer Fröschefrau?
du weißt es leider nicht genau

Karl Schäfer kommt beharrlich näher
betätigt seinen Rasenmäher
und zum allergrößten Übel
zitiert Kunz Senior laut die Bibel

Genervt erhebst du dich darauf
umkreist den Baum im Dauerlauf
als hinter dir Geschrei ertönt
Klein-Egon seinem Hobby frönt

denn Hinzens Katze mit Gejammer
am Schwanz die rote Wäscheklammer
sie jagt mit Tempo hundertzwei
an deinem Rosenbeet vorbei

die Tulpen streift sie glatt im Lauf
als sie flitzt den Baum hinauf
springt im Tiefflug eine Strecke
landet in der Zierstrauchhecke

Nachdem voll Mitleid du gescheit
sie von ihrer Qual befreit
dröhnt das Martinshorn ganz schrill
weil Hubert seinen Gartengrill

nicht im Auge hat behalten
und Flammen nun den Grill verwalten
die Feuerwehr – tatü tata
war zum Löschen ganz schnell da

Fix und fertig mit den Nerven
willst auf die Liege du dich werfen
sie bricht und ist nun nicht mehr ganz
man bringt dich in die Ambulanz

Der Arzt erklärt dir ganz gelassen
mit Gipsbein wirst du nun entlassen
musst liegen du für viele Wochen
weil dein rechtes Bein gebrochen

Mit Krücken und mit Gipsverband
der Sommertag sein Ende fand
mit Blumen, Kaffee, Apfelsaft
grüßt täglich dich – die Nachbarschaft
*

Wahre Gerechtigkeit

Besteht unser gesamtes Leben nicht aus einer schier endlosen Kette von Entscheidungen, deren Folgen sich oftmals erst in einer unbekannten, nicht greifbaren Zukunft zeigen?

Und dennoch gibt es immer wieder ganz besondere Lebensmomente, in denen uns die möglichen, gravierenden Folgen solcher Entscheidungen deutlich zögern lassen. Diese speziellen Situationen kommen, Gott sei Dank, nicht allzu häufig vor. Doch die wenigen, die uns begegnen, reichen meist aus, um uns schlaflose Nächte, Albträume oder gar Magendrücken zu bescheren. Ich habe diese einschneidenden, ja tatsächlich Not – wendigen Konstellationen Lebenskreuzungen genannt. Mit meinen über 60 Lenzen sehe ich mich als Partikel, als Splitter des demografischen Faktors, der zwischen zwei Generationsfronten geriet, deren Vertrag ich weder ausgehandelt, noch befürwortet, geschweige denn, unterschrieben habe! Ich stehe allerdings knietief im Schlamassel dieser Nachkriegsentscheidung. Die dafür Verantwortlichen können, von elysischem Territorium aus, entspannt und gelassen, frei und gelöst – oder einfach nur cool meiner aktuellen Misslichkeit zuschauen. Vor einiger Zeit zog ich Bilanz:

für die Arbeitnehmerschaft zu alt,
für die Rente zu jung,
für die befriedigende Freizeitgestaltung zu arm
und für die staatliche Hilfe zu reich – oder zu stolz!

Ich suchte nach einem sinnvollen Ausweg aus diesem Dilemma. Wahrlich eine Lebenskreuzung erster Klasse!

Oder?

Da ich schon immer zu den ausgesprochenen Leseratten gehörte, blätterte ich in einigen Büchern, die möglicherweise wertvolle Hinweise liefern konnten. Und richtig! Ich wurde fündig.

Ich fragte mich laut Anweisung: was würde ich tun, wenn ich mir um finanzielle Dinge keine Sorgen mehr machen müsste?

Sofort und ohne Zögern tauchten Myriaden von Wünschen auf, die sicherlich von den meisten meiner Mitmenschen geteilt wurden: ausgiebige Urlaubsreise, ausgiebiger Stadtbummel mit ungebremstem Ausleben des Einkaufstriebes (von wegen Jäger und Sammler!), ausgiebige Renovierung unseres kleinen Reihenhauses, Bau eines 100 qm Swimmingpools im 215 qm großen Garten, großzügige Bausparverträge für die Enkelkinder, großzügige Spende an den örtlichen Schützenverein, neue, modische Brillen für ihn und mich. Die Liste der Wünsche wollte kaum enden, doch irgendwann waren alle diese Begierden virtuell befriedigt. Ich fragte mich erneut: Was würde ich tun, wenn alle diese Sehnsüchte gestillt wären und ich mir immer noch keine finanziellen Sorgen machen müsste?

Geduldig wartete ich auf Signale aus meinem Inneren.

Zunächst empfand ich – gar nichts!

Ich horchte in mich hinein und hörte – gar nichts!

War es möglich, dass sich mein Lebensinhalt auf materielle Elemente beschränkte?

Besorgt fragte ich mich: „Kann ich mit meinem Leben nichts mehr anfangen? Gehöre ich damit nicht tatsächlich schon jetzt zum alten Eisen, das keinen sinnvollen, wertvollen und geschätzten Beitrag zum Gemeinwohl mehr leisten kann? Bin ich, ohne es mir einzugestehen, Teil der anonymen, manipulierbaren und gesichtslosen Masse der Konsumenten geworden, die ich einst, als Mitglied er 68er Bewegung, so sehr aufzurütteln angetreten war?"

Fassungslos starrte ich in das Gesicht im Spiegel und suchte nach winzigen Spurenelementen dieser einstigen Kämpferin, die, Gitarre spielend, vom Traum der Blumenkinder sang. Wo waren alle diese Träume geblieben? An welcher Kreuzung meines Lebens waren sie mir abhandengekommen?

Verwirrt und erstaunt stellte ich fest: Ich wusste es nicht!

In den folgenden Tagen kramte ich intensiv in meinem Erinnerungsarchiv nach dieser Kreuzung. Doch sie blieb verborgen. Und dann rückten die bereits erwähnten Symptome an. Zuerst wälzte ich mich in schlaflosen Nächten im Bett herum, gefolgt von Albträumen, bis hin zum unangenehmen Magendrücken, der meinem Appetit heftig zusetzte:

Irgendwann haute ich mit der inneren Faust auf den inneren Tisch und bereitete dem Ungemach ein jähes Ende, indem ich mich an den Computer setzte und einen

Dialog begann, der sich vor vielen, vielen Jahren schon einmal bewährt hatte. Bei diesem inneren Dialog, wie ich ihn nannte, wechselte ich zwischen den beiden Stimmen, die sich in mir einen heftigen Schlagabtausch lieferten. Die Stimme A, die ich dem Underdog zuordnete, erhielt die Normalschrift, während ich die Stimme B, die von Topdog, kursiv darstellte.

Entsetzt stellte ich fest: In mir war der Teufel los! (Wo war der hergekommen?)

Auf diese Weise gelang es mir wenigstens, meinen inneren Konflikt nach außen zu transportieren. Er bekam eine Form, ein Profil, ein Gesicht. Er wurde sichtbar, wenn auch leider nur virtuell. (Wie könnte es in der heutigen Zeit auch anders sein?)

Aber, ein erster Schritt, der Lösung meines Problems näher zu kommen, war getan. Ermutigt arbeitete ich weiter an meinem Wunsch nach innerer Klarheit und einem Ausweg aus der misslichen Lage.

Nach einiger Zeit entdeckte ich eine kaum merkliche Veränderung im Dialog. Immer häufiger schimmerte ein Charakterzug durch die geschriebenen Zeilen hindurch, den ich an der besagten Kreuzung nicht plötzlich verloren, sondern – mir dämmerte es schmerzlich – ganz allmählich mit tausend Alltäglichkeiten, mit unzähligen, mikroskopisch kleinen Banalitäten und hohlen Trivialitäten selbst zugeschüttet, ja regelrecht erstickt hatte.

Ein leiser Hoffnungsschimmer! Ein klitzekleiner Lichtstrahl blitzte am Horizont meines beginnenden Lebensherbstes auf. Den ließ ich natürlich nicht entkommen.

Ich grub weiter und tiefer in meinem Innersten, bis eine nebulöse Ahnung erkennbar wurde, was ich mit meinem weiteren Leben anfangen könnte. Das emotionale Durcheinander, das die ohnehin schemenhafte Ahnung zusätzlich verzerrte, lichtete sich nur sehr zögerlich. Und das ausgerechnet bei meiner ausgeprägten Ungeduld!

Erst mit Hilfe regelmäßigen Meditierens gelang mir der Durchbruch. Aus den Tiefen meines Wesens tauchte der unverkennbare und nachdrückliche Wunsch auf: Ich wollte meinen Enkelkindern etwas hinterlassen, das ihnen hilft, ihr Leben zu meistern!

Eine Nummer kleiner wäre mir erheblich sympathischer gewesen, aber… so lautete nun einmal mein innerster Wunsch. Alle Versuche, diesen Wunsch rational zu entkräften, scheiterten kläglich. Ich bemühte mich redlich, meine anerzogenen Denkautomatismen einzusetzen, die alle mit den Worten begannen „das geht nicht, weil…“, gefolgt von unzähligen Begründungen des abzusehenden Misserfolges.

Ist es nicht immer so an diesen Lebenskreuzungen? Melden sich nicht immer zuerst alle Gründe, warum der mögliche Kurswechsel NICHT funktionieren wird? Schließlich weiß man ja, was man hat. Aber was passiert, wenn alte, ausgelatschte Pfade verlassen werden – das wissen wir eben nicht!

Das Leben wäre viel, viel leichter, wären da nicht diese nagenden Sehnsüchte. Dieses gnadenlose, innere

Drängen. Dieses undefinierbare Gefühl von Hunger nach Lebendigkeit. Nach Lust. Nach aktiver Veränderung der Gegenwart. Raus aus den eingefahrenen Geleisen. Raus aus diesem Zombiedasein: von wegen… nicht mehr ganz lebendig aber noch nicht ganz tot. Im Wartesaal der Ausgemusterten. Im Vorhof der Recyclinganwärter. Ein Minusposten im Humankapital.

Und das mir?

Nein! Sollten mich doch alle für verrückt erklären. Ich würde mich jetzt um meinen Herzenswunsch kümmern und nach Gegenargumenten suchen, die alle anzufangen hatten mit: „Es geht, wenn…"

Und siehe da. Ich brauchte alle Gründe, die mich vermeintlich hinderten, nur „herumzudrehen" und ich hatte alle Argumente zur Hand, die ich benötigte, um auf die Erfolgsspur zu gelangen. Auf diese Weise wurde das Argument „Es geht nicht, weil ich über 60 bin" zur Beweisführung: „Es geht, wenn ich einen Beitrag leiste, den Jüngere nicht leisten können."

Meine Frageliste war nur noch sehr kurz:

„Was kann ich besonders gut, das mich von anderen Menschen unterscheidet? Welche meiner Qualifikationen sind gefragt und werden gebraucht? Welche kann ich noch in meinem fortgeschrittenen Alter entwickeln?"

Doch statt nun klare Antworten auf diese Fragen zu gewinnen, stolperte ich zwangsläufig über meine angelernten, fremd programmierten Überzeugungen, die die eigene Kleinheit garantieren sollten. Diese wurden mir im Laufe meines Lebens zwar als Ausdruck von Bescheidenheit verkauft, sollten jedoch nur verschleiern, dass viele Mitglieder unserer Gesellschaft die eigene Größe nur auf der Kleinheit anderer aufbauen können. Die geläufigsten Schlagworte dabei sind noch immer: knallharter Konkurrenzkampf, gnadenloser Verdrängungswettbewerb und emotionslose Zahlenwerke! Die Botschaft war klar: „Besonderheit muss man sich erarbeiten. Nur durch das Tun gewinnt man die Anerkennung anderer. Respekt muss man sich verdienen. Wir leben in einer Leistungsgesellschaft."

Ich musste mir eingestehen… die innere Stimme des Zweifels gab sich nicht so leicht geschlagen. Der Konflikt verschärfte sich zunehmend, denn die ‚andere' Stimme reagierte: „Und wo sind die Ideale und Träume einer besseren Welt, die wir alle als Kinder in uns trugen? Wollten wir nicht alles anders machen, als unsere Eltern? Warcn wir nicht vollkommen überzeugt, dass wir die ganze Welt verändern konnten und würden? Waren wir nicht ohne jeden Zweifel etwas ganz Besonderes… und zwar von Natur aus? War das nicht ganz natürlich und selbstverständlich?"

Da stand ich nun mit meinen ganzen Fragen, Weisheiten und Lebenserkenntnissen.

Und was nun?

Was konnte ich meinen Enkelkindern hinterlassen, das sie ermutigte, ihre natürliche Besonderheit zu behalten? Sie niemals aus den Augen zu verlieren? Sie fest im Mittelpunkt ihres Lebens zu fokussieren und zu verankern? Und wie sollte ich, ihre Großmutter, das bewirken? Die, die genau das Gegenteil praktiziert hatte? (Ja, ja – die Geschichte mit der Authentizität und der Glaubwürdigkeit!)

Konnte ich nicht wenigstens versuchen, meine eigene Besonderheit wieder zu finden? Konnte ich nicht wenigstens hoffen, das Gefühl zurück zu gewinnen, meinen ganz persönlichen, stäubchengroßen Beitrag für eine bessere Welt geleistet zu haben?

Herr Zweifel (oder war es die Gattin?) meldete sich lautstark zu Wort: „Aber – was kann ich, eine mehr als 60jährige Großmutter aus der Mitte des letzten Jahrhunderts, meinen Enkelkindern mit auf den Lebensweg geben, ohne die geringste Ahnung zu haben, was sich in den *kommenden* 60 Jahren, wenn diese kleinen Rabauken mein Alter erreicht haben werden, alles verändert? Wenn ich bedenke, dass schon heute alle vier Jahre eine Wissensverdoppelung stattfindet... wo steht die Welt dann in etwa 50 Jahren? Welche medizinischen, physikalischen, chemischen und technologischen Neuheiten sind dann gang und gäbe?

An genau dieser Stelle streckte meine Vorstellungskraft alle Viere von sich.

Und dann musste ich tatsächlich laut lachen, bei dem Gedanken: „Bei einer zu erwartenden Lebenszeit von etwa 120 bis 140 Jahren, die meinen Enkeln zu blühen droht, werden wohl 85 bis 90jährige Arbeitnehmer sich um ihren fünfzehnten Ausbildungsplatz prügeln!"

Ich ermahnte mich zur Gedankendisziplin und kehrte zum Ausgangspunkt meiner Misere zurück: Was fange ich mit meinem weiteren (restlichen?) Leben an?

Was kann ich (noch) tun, um eine klitzekleine, mikroskopisch minimale Spur zu hinterlassen?

Und dann, eines Nachts, wurde ich wieder einmal wach. Ich war in Schweiß gebadet! Erneut hatte mich der Albtraum heimgesucht, dass mein Ableben niemandem auffallen würde. Ich würde weder vermisst, noch erinnert. Weder betrauert, noch beweint.

Eine grauenhafte Vorstellung.

Ein doppelter Cognac beruhigte mich zwar ein wenig, doch ich wusste – jetzt war Schluss mit lustig! Ich musste mir etwas Gutes, nein, etwas wirklich Ausgezeichnetes einfallen lassen.

Zu einer zweiten Mutter Theresa würde ich es wohl nicht mehr bringen. Auch der Posten der ersten, deutschen Kanzlerin war schon vergeben. Und für den Papststuhl war ich noch viel zu jung. Außerdem… die großen, monotheistischen Religionen mit ihren altersschwachen Dogmen (genau wie deren selbsternanntes Bodenpersonal?), die schon genug Unheil in der Menschheitsgeschichte angerichtet hatten, besaßen für mich die Anziehungskraft einer ausgehungerten Löwin im Kolosseum der Antike.

Im Morgengrauen, als ich kurz davor war, aufzugeben und meinen weiteren Lebensweg sich selbst zu überlassen, kam mir endlich die rettende, zündende, begeisternde, hinreißende und gänzlich unerhörte Idee –

Bücher zu schreiben!

Doch, abgesehen von Gedichten und kurzen Geschichtchen aus meiner Sturm- und Drangzeit, den lyrischen Ergüssen jugendlicher Verliebtheiten und Blumensongs der späten 60er war ich recht unbedarft… ja sogar naiv.

Wenn es mir gelang, meine sprachlichen Fähigkeiten zu entsprechender Fertigkeit zu entwickeln, dann könnte ich vielleicht, ja vielleicht… tatsächlich etwas erschaffen, das nach meinem Hinscheiden von mir übrig blieb.

Nein, ich wollte weder mit Herrn von Goethe, noch mit Frau von Droste-Hülshoff in Konkurrenz treten!

Aber… sollte es mir gelingen, einige Lebensweisheiten zu Papier zu bringen, einen Verleger zu finden, der diese Weisheiten druckt und mir hilft, diese, mit ein wenig Humor, Augenzwinkern und Großmutterwitz gewürzt, zu verstreuen – dann könnten meine Enkel sagen:

„Hey! MEINE Oma, die hat… !“

Nun, seitdem schreibe ich Romane, Kurzgeschichten, Gedichte und Krimis. Ich bin neugierig, was dabei herauskommt. Ob ich es noch erlebe?

Bisher gehörte ich jedenfalls noch nicht zu den Wenigen, die aus der Lostrommel der 90.000 Neuerscheinungen pro Jahr herausgefischt wurden.

Ach… ist das Leben aufregend und spannend!

Ich liebe diese Lebenskreuzungen. Die mit ihren Herausforderungen und ihren Angeboten, ihren Unwägbarkeiten und ihren Phantasien, ihren Potenzialen und ihren Eingebungen, ihren Hoffnungen und ihren Möglichkeiten. Die mit den Fabeln und Träumen, Dichtungen und Luftschlössern, Flausen und Irrtümern, Konstruktionen und Fiktionen.

Diese Lebenskreuzungen halten jeden von uns – quicklebendig!

Sie allein sind es, die unser inneres Wachstum garantieren.

Ist es nicht der Geniestreich der Natur schlechthin, dass niemand diesen Kreuzungen entgehen kann? Niemand kann sie umschiffen, eine Umleitung wählen, ein Ausweichmanöver fahren oder eine Abkürzung nehmen.

DAS nenne ich wahrhaftige Gerechtigkeit!

*

Heimwerkerglück

Nachbar Klaus und auch sein Weibe
beschließen – man zu Hause bleibe
dies Jahr da fällt der Urlaub flach
erneuert werden muss das Dach

auch wenn der Klaus nicht ist vom Fache
ruft er laut aus: dass ich nicht lache
nein, nein – der Fachmann ist zu teuer
dazu auch noch die Mehrwertsteuer
ja, heute zeig ich, was ich kann
ich bin – der beste Heimwerksmann

in den Baumarkt geht es schnelle
doch der Klaus ist nicht sehr helle
viele Stunden geh'n vorbei
mit der Schraubenwühlerei

Latten, Pfannen und auch Hammer
liegen in der Werkzeugkammer
Klaus holt raus die große Leiter
klettert höher, klettert weiter
lässt von niemand sich verwirren
und schon gar nicht erst beirren

wirft die alten Pfannen munter
von ganz oben flugs herunter
als sein Weib er damit traf
fiel sie um – in tiefen Schlaf

Klaus ist sichtlich tief betroffen
dass sein Weib er schwer getroffen
er die Leiter runter rennt
denn sein Weibe er gut kennt
er ist besser vis-à-vis
wenn die Augen öffnet sie

mit Sorgen und mit großem Bangen
klopft er leicht auf ihre Wangen
als sie immer noch sehr bleich
holt er Wasser aus dem Teich
kaum dass er wieder bei ihr ist
fällt der Eimer – so ein Mist

trifft sein Weib die kalte Welle
wie gesagt, ist Klaus nicht helle
wie sie japst und speit und spuckt
Klaus dumm aus der Wäsche guckt

dann herzt und küsst er seine Lieb'
ist froh dass sie am Leben blieb
greift rasch zum roten Telefon
ruft an bei Seligmann und Sohn

die beiden sind am Dach die Meister
der Junior dünn, der Senior feister
das Dach wird meisterlich gerichtet
und Klaus auf Urlaub gern verzichtet
das Dach, das konnte nicht mehr warten
und Urlaub macht er nun im Garten
*

Ein Montag im April

Der letzte Montag im April letzten Jahres begann wie immer. Das schrille Läuten des Weckers schreckte mich aus dem Tiefschlaf. Wie gern wäre ich noch ein Weilchen unter der mollig warmen Decke geblieben. Wie immer. An diesem Morgen glaubte ich noch, dass die Welt ein Ort sei, der zuviel Schlechtes beherbergt: zu viele Kriege, zuviel Armut, zu viele Arbeitslose, zuviel Kriminalität, zuviel Korruption und viel zu viele Ungerechtigkeiten. Das Leben war für mich ein Kampf: das Gute gegen das Schlechte. Natürlich gehörte ich zu den Guten. Hätte ich geahnt, welche Begegnung mir an diesem Tag bevorstand, wäre ich mit absoluter Sicherheit liegen geblieben.

Widerwillig verließ ich das wärmende Bett und stolperte ins angrenzende Badezimmer, um den letzten Rest der Müdigkeit aus meinen Knochen zu vertreiben. Ein kurzer Blick in den Spiegel ließ mich mitten in der Bewegung inne halten. Blankes Entsetzen packte mich und ließ mir fast das Blut in den Adern gefrieren. Wer war dieses Wesen, das mich mit finsterem Blick, verkniffenem Mund und zerzausten Haaren mürrisch taxierte? Das sollte ich sein? Diese steilen Falten zwischen der Nasenwurzel. Diese nach unten weisenden Falten in den Mundwinkeln. Diese tiefen Querfalten auf der Stirn.

Als hätte mir jemand den Boden unter den Füßen weggezogen, ließ ich mich auf den Badewannenrand fallen. Wo war das einstige Lächeln in den Augen geblieben? Wohin waren die Lachfältchen entschwunden? Wohin hatte sich der Glanz in den Augen zurückgezogen? Ich konnte nicht anders, als mich fragen: wer ist das?

Vollkommen fassungslos musste ich feststellen: ja, das war ich an diesem Morgen. Abwehrend schrie es in mir auf: ‚Das soll ich sein? Niemals!'

Ein Teil in mir wehrte das Offensichtliche lautstark ab, während ein anderer Teil in mir ein wenig bekümmert schwieg. Noch nie zuvor war ich diesem inneren Konflikt begegnet, der heftig in mir tobte. Wie lange mochte er schon dort auf Entdeckung gewartet haben? Warum tauchte er gerade an diesem Morgen auf? In meinem Kopf überschlugen sich Fragen auf Fragen. Doch bevor ich nach Antworten suchen konnte, tauchten schon die nächsten auf. Was für ein Durcheinander! Ich fragte mich schließlich: wer bin ich wirklich?

Zum ersten Mal in meinem Leben, schien ich mir diese Frage ernsthaft zu stellen. Wer bin ich? Dieser Gedanke kreiste nun unablässig in meinem Kopf und meinem Gemüt. Wer bin ich?

An einen ganz normalen Tag im Büro, war überhaupt nicht mehr zu denken. Viel zu sehr hatte mich die Begegnung mit diesem unbekannten Wesen im Spiegel aufgewühlt. Mit zitternden Knien, die eher an einen wabbeligen Pudding erinnerten, fand ich mich im Wartezimmer meiner Ärztin wieder. Mit geschärften Sinnen musterte ich die Patienten, die geduldig warteten, aufgerufen zu werden. Ich hörte die Fragen in mir: Sind wir alle nur noch wie Hühner auf einer Leiter? Warten wir nur noch auf den Befehl anderer, um, wie gut trainierte Marionetten, zu funktionieren? Ist unser Leben eine Wartehalle, in der wir der nächsten Durchsage harren? Sagen uns nur noch unsere Mitmenschen, Ärzte, Chefs, Politiker und Pfarrer, was wir als Nächstes zu tun haben? Wer bestimmt in meinem Leben, was zu tun ist?

Ich konnte kaum glauben, was sich in meinem Kopf abspielte. Solche Fragen hatte ich mir noch nie gestellt!

Selbstverständlich erhielt ich den gelben Schein, der mir Zeit verschaffte, mich zu sortieren und zu klären.

Ich saß wie versteinert auf meiner gemütlichen Couch und starrte auf den Teppich, der nach einer Behandlung mit dem Staubsauger verlangte. Doch ich rührte mich nicht vom Fleck. „Bin ich eine gute Hausfrau?“, war auch prompt die Frage, die sich mir aufdrängte.

Erschöpft ließ ich mich zurück fallen. „Was mache ich hier eigentlich?“, hämmerte es in mir. „Warum muss immer alles pikobello aufgeräumt und sauber sein? Wer stellt diesen Anspruch? Weshalb arbeite ich jeden Tag in einer Firma, die ausschließlich an meiner Arbeitskraft interessiert ist? Wen in dieser Firma interessiert es, wie es mir geht? Was ich fühle? Was ich denke? Wie ich ticke?“

Ich verstand die Welt nicht mehr. Wie sollte ich mit solch törichten Gedanken mein Leben gestalten? Wie sollte ich auf diese Weise ein nützliches Glied der Gesellschaft sein?

Ich schauderte, als ob ich diese absurden Ideen einfach abschütteln könnte.

Ich wurde das Gefühl nicht los, dass sich eine innere Tür geöffnet hatte, die mir eine Begegnung mit einem Teil von mir beschert hatte, den ich viel lieber weiter eingesperrt gelassen hätte. Doch nun war es zu spät.

Im Laufe der nächsten Tage wurde mir immer klarer, dass ich nie wieder die sein würde, die ich vor jenem Montag war.

Die Kur, die ich beantragte, wurde prompt genehmigt, denn schließlich sollte meine Arbeitskraft vollständig wieder hergestellt werden. Die Gespräche, die ich führte, die Anwendungen, die ich über mich ergehen ließ und die Zeit, die ich endlich für mich zur Verfügung hatte, nutzte ich für die Suche nach einer Antwort auf die einzige Frage: Wer bin ich?

Als ich nach sechs Wochen aus der Kur zurückkehrte, kündigte ich meinen Arbeitsplatz, verkaufte alle meine Wertgegenstände und wanderte nach Australien aus. Hier züchte ich heute Schafe im Outback.

Die Kraft der Natur, die Macht des Lebens ist in jedem Menschen fest verankert, auch, wenn es der Alltag in der westlichen Welt kaum noch gestattet, sie wahrzunehmen.

Ja, ich war mir an jenem Montag im April wahrhaftig begegnet. Seitdem habe ich Schritt für Schritt zurück zur Natur, zum Leben gefunden. Ich habe mich erinnert, dass jeder Mensch allein für sein Leben und seine Ausgestaltung verantwortlich ist. Das trifft auch auf mich zu.

Wenn ich heute in den Spiegel schaue, sehe ich wieder das Leuchten in den Augen. Ich sehe wieder das Lachen in den Augenwinkeln und erkenne, dass die Welt, die ich sehe, von meiner gewählten Brille abhängt. Die Welt ist ein wunderschöner Ort, auf dem es viel zu erleben und zu entdecken gibt.

Ja! Es gibt Kriminalität, Arbeitslosigkeit, Ungerechtigkeiten und Armut.

Aber – es gibt genauso viel Schönheit, Gerechtigkeit, Frieden und Reichtum. Das Leben und die Natur legen nur einen anderen Maßstab an, als der Mensch. Ich habe von der Natur gelernt. Heute kämpfe ich nicht mehr *gegen* etwas, sondern setze meine ganze Kraft *für* etwas ein.

In diesem scheinbar kleinen Unterschied liegen sowohl Himmel, als auch Hölle.

*

Der Weg hinaus

Nur eine sachliche Aussage – oder ein glaubwürdiges Versprechen? Eine verlässliche Ankündigung – oder eine verschleierte Versuchung? Eine redliche Beteuerung – oder gar eine dunkle Falle?

Wenn Sprache Realität erschafft – welche Wirklichkeit, welche inneren Bilder erschaffen diese drei Worte in dir?

In mir erscheinen spontan viele Fragen:

Der Weg hinaus.

Gibt es nur diesen einen? Warum nicht *ein* Weg? Einer von vielen. Nein – *der* Weg. Gibt es *überhaupt den* Weg?

Der ***Weg*** hinaus.

Nur ein Hinweisschild, das mir einen Fingerzeig, einen Wink, einc Auskunft gibt, bei dem mein freier Wille unangetastet bleibt? Oder ein Appell, eine direktive Handlungsaufforderung – wie ‚hier entlang gehen' oder ‚folge den Pfeilen'? Weg – wie ‚weg von hier'? Der Weg, so breit wie eine Autobahn oder so schmal wie ein Elefantentrampelpfad im Krügerpark? Eine Sackgasse, wie so mancher Weg im Lebenslabyrinth oder ein Verbindungsweg, eine Brücke zwischen zwei Welten? Ein Hohlweg voller Tücken oder ein Kreuzweg zur Läuterung? Eine Allee, gesäumt von majestätischen, herbstlich glühenden Kastanienbäumen oder ein salzig schmeckender Strandweg, der zum Muschelsammeln zwingt? *Der* Fluchtweg? Oder *der* Entwicklungsweg?

Der Weg ***hinaus***.

Hinaus – aus wem oder was? Aus einem Haus voller Eintönigkeit? Aus einem Leben voller Überdruss? Aus einer Beziehung voller Kummer und Schmerz? Aus einem Alltag ohne Hoffnung? Aus einer Situation voller Schwierigkeiten?

Aber: wenn *ich* der Weg *bin* – was dann?

Gibt es *den* Weg aus mir hinaus? Hinaus – wohin? Gibt es ein „hinaus“ aus mir? Warum sollte ich aus mir *hinaus* wollen? Zu welchem Ziel führte mich ein solcher Weg?

Andererseits: der Weg *ist* das Ziel.

Komm! Tauche ein mit mir in diese drei Worte. Begleite mich auf eine Reise. Geh mit mir auf einen imaginären, geistigen Weg. Auf den Weg *hin*aus. *Her*aus aus eingefahrenen Denkgeleisen. *Her*aus aus anerzogenen Sichtweisen, überlieferten Blickwinkeln und antrainierten Denkmustern. Schau mit mir über den Tellerrand des Alltags. Schau *hin*aus auf den Weg, der vor dir liegt. Du weißt doch: Sprache erschafft Realität. Welche Realität erschaffen diese drei Worte in dir?

Siehst du dich an einer zeitgenössischen Stelle in deinem Leben, an einem aktuellen Punkt auf deinem Lebensweg? Lass dich von mir *hinaus*führen. *Heraus* aus einem scheinbaren *jetzt* und *hinein* in ein unbekanntes, abenteuerliches *dann*. Verlass den ausgetretenen Weg deiner geliebten und treuergebenen Erfahrungen, mühsam aufgebaut in einer Vergangenheit, die es nicht mehr gibt. Ja! Sie existiert nicht mehr. Sie ist tot. Weshalb hältst du sie in deinem Geist lebendig? Und warum nennst du sie *jetzt*? Lass dich nicht länger täuschen. Das, was du *jetzt* nennst, ist in Wirklichkeit nichts als eine Illusion des wahren Jetzt, der wirklichen Realität. Deine Erfahrungen töten dich und dein Leben. In der sicheren, unbedrohten, geschützten Grabstätte deiner Erinnerungen hältst du Tote lebendig. Ja, Peter hat dir damals wehgetan. Ja, Sibylle hat dich einst verletzt. Ja, Helgas Fehltritt hat dir Qual bereitet. Ja, Roberts Beleidigungen haben dich erschüttert. Ja, die Obrigkeit hat dir zu jener Zeit Unrecht getan. Ja, die Bürde der Verantwortung hat dich seinerzeit nieder gedrückt. Ja, erst kürzlich hat dich der Machtmissbrauch deiner Vorgesetzten den Job gekostet.

Qual, Schmerz, Furcht, Leid, Not – Leichen der Vergangenheit. Sie sind die Toten, die du künstlich am Leben erhältst. Sie existieren nur noch in deiner Erinnerungen – und *nur* dort.

Die Erinnerung an deine Vergangenheit bestimmt darüber, wie du die Welt *heute* siehst. Sie sind der Stoff aus dem deine Brille gemacht ist, die deine Sichtweise des Lebens bestimmt, wie du dein Heute wahrnimmst. Willst du weiterhin die Welt als einen Ort sehen, der angefüllt ist mit Schuld, Sünde und Missetaten? Bevölkert von Übeltätern, Dieben, Verrätern und Verbrechern?

Komm aus deinem seelischen Gefängnis heraus und gehe mit mir einen neuen Weg. Es ist *der Weg hinaus* zu Frieden, Aussöhnung, Harmonie und dem liebevollen, vergebenden Miteinander. Lass deine Toten frei. Lass sie ruhen. Komm, ich zeige dir *den Weg hinaus* in die Lebendigkeit des Lebens. Des Lebens, das nie vergeht. In die Ewigkeit des Weltenlaufs. Folge mir, der ich dir versichere, dass der Schöpfer dieser Welt, der Erbauer der Universen, der Urheber allen Seins keine Spezies im Stich lässt. Warum sollte ein liebevoller Meister eines seiner Geschöpfe ins Verderben führen? Komm mit! *Der Weg hinaus* aus deinem geistigen Gefängnis, in das du dich selbst eingesperrt hast, führt dich auf Höhen, an die du nicht glaubst; auf Pfade, die du nicht kennst, auf Straßen die du nicht siehst und auf Prachtpromenaden, die du nicht einmal erahnst.

Warum vertraust du dem Prozess des Lebens nicht?

Wegen deiner Erinnerungen? Erinnerungen an eine Vergangenheit, die nicht mehr existiert? Ja, lieber Freund, geschätzte Freundin – du wählst zwischen deinem selbst angelegten, inneren Friedhof und dem lebendigen Leben, das gleich nebenan in deinem Geist auf Entdeckung wartet. In diesem Punkt funktionieren wir Menschen alle gleich, ganz egal, ob am Nordpol oder in Norwegen, in Ägypten oder am Äquator, am Kilimandscharo oder in Kirgisien, in Bosnien oder am Bosporus, an der Waterkant oder in Witwatersrand.

Erinnerungen sind geistige Fallen, in denen wir Menschen uns verstricken. Sowohl im positiven, wie im negativen Sinne.

Das Zeitalter der Seefahrt geht dem Ende zu. Die Waterkant mit ihrer Großen Freiheit ist schon lange zur vielbesungenen Legende verblichen. Auch die Spuren der Apartheid in Witwatersrand werden vom Wüstenstaub der Kalahari und der Großen Karoo weggeweht werden. Sieh nur, wie sie bereits verblassen.

Der Weg *heraus* aus der Vergangenheit und *hinein* in das Heute ist der Weg zur wahren Freiheit. Freiheit von vergangenen Bürden und Freiheit von Erinnerungen, die eine Freiheit vorgaukelten, die es zu jener Zeit nie gegeben hat. Eine Erinnerung an eine Freiheit, die als *heutige* Sehnsucht im Herzen der Menschen lebendig bleibt.

Es ist dieselbe Sehnsucht, derselbe Drang, dasselbe Verlangen, das in der Vergangenheit zu Veränderungen führte, in der Gegenwart zu Neuerungen führt und in der Zukunft zu Umwälzungen führen wird. Der nagende Hunger nach Freiheit wird uns *den* Weg zur Sättigung zeigen. *Der Weg hinaus* in die Freiheit führt über das Loslassen der guten und schlechten Erinnerungen. Erst dann kann das hier und jetzt, die Gegenwart freiheitlich gestaltet werden. Erst dann kann das sinnvolle Miteinander beginnen. Erst dann ist

der Weg hinaus

in die lebendige Wirklichkeit frei von toten Erinnerungen.

*

Erzähl mir was vom Pferd

Jeder träumt vom Glück mit Pferden
auf dem schönen Rund der Erden
mancher denkt an grüne Wiese
doch besser wär' – man ist präzise

Nicht nur Wallach, Hengst und Stute
bieten eine Ausflugsroute
wenn vielleicht auch jedermann
denkt als erstes gleich daran

Klassisch über Wies' und Felder
im Galopp durch dichte Wälder
für die Reiter ist's das Wahre
doch gibt es weitre Exemplare

Dieses Tier gibt's auch mit Stecken
vor dem niemand muss erschrecken
es dient ohne Haferkleie
dass ein Kind daran sich freue
Das Kind es wächst, verliert die Lust
an dem Holzkopf vor der Brust
fürs Abenteuer in der Ferne
wählt es Khaki-Hosen gerne

Safari im Geländewagen
dem Fahrer stellt er viele Fragen
durch die Steppe mit Genuss

fährt die Gruppe bis zum Fluss

Hier – der Fahrer leis' erklärt
dass im Wasser lebt ein Pferd
als sein Grunzen man vernimmt
fragt der Jüngling ob das stimmt

Grunzen kennt er nur vom Schwein
das kann doch ein Pferd nicht sein!
dick, gedrungen, großes Maul
nie ist das ein Pferdegaul!

Nun der Fahrer ganz gelassen
Flusspferd nennt das Tier mit Massen
unsern Jüngling zieht es weiter
an den Strand wo er ganz heiter

sich in hohe Fluten stürzt
die mit reichlich Salz gewürzt
doch auch dort er nicht gefeit
ein Pferd begegnet ihm erneut

Diesmal reitet in den Fluten
der Winzling ungezähmt durch Ruten
außerdem sein Schweif gebogen
der Jüngling ruft: das ist gelogen!

wenn es ihm auch nicht bekannt
Seepferd wird das Tier genannt

auf dem Weg zurück nach Haus
sieht er, zieht die Stirne kraus

Streifenpferde in schwarz weiß
vom Grübeln seine Stirn ganz heiß
wie heißt denn diese Kreatur
in afrikanischer Natur

Trägt das Pferd einen Pyjama?
nein, mein Freund, das ist ein Zebra
der Fahrer daraufhin erklärt
der Bursch verwirrt nach Hause fährt

Träumt er heut' vom Glück mit Pferden
auf dem schönen Rund der Erden
denkt an Wasser er und Wiese
doch ist seitdem stets präzise!
*

In der Freiheit gefangen

Es war eine dieser klirrend kalten Februarnächte. Das fahle Licht des Vollmondes brachte die Myriaden von Schneekristallen zum Funkeln, die wie ein Netz aus zerbrechlichen Kunstwerken die entseelte Landschaft bedeckten. Doch auch die Überfülle der grazilen Schönheiten konnte nicht über ihre Vergänglichkeit hinwegtäuschen, denn schon bald würden die ersten Frühlingsboten ihnen der Garaus machen.

Lothar Behrens seufzte und blickte über die weite Ebene, die sich vor ihm wie ein leerer Gabentisch ausdehnte. Nur wenige Bäume streckten ihre kahlen Äste gen Himmel wie knorrige Finger, die nach Leben gierten.

Der Mann setzte seinen Weg fort und mit jedem Schritt knirschte der gefrorene Schnee unter seinen schweren Stiefeln. Es war für ihn ein beschwerlicher Weg, denn er hatte ihn seit 30 Jahren zu vermeiden versucht. Nein – er wollte den Weg zu seiner Tochter nicht gehen, doch jetzt konnte er ihm nicht mehr ausweichen. Zu schwer wog der Tod seines besten Freundes.

Lothar Behrens war ein Obdachloser – seit mehr als dreißig Jahren. Und nie hatte er seinen Entschluss, in Freiheit zu leben bereut. Bis vor fünf Tagen, als er seinen Freund Willi tot unter der Brücke gefunden hatte. „Warum musste Willi aber auch immer seinen Kopf durchsetzen?“, fragte sich der Mann. „Wäre er doch nur mit mir ins Asyl gegangen, dann könnte er noch leben.“

Willi war erfroren und Lothar fragte sich, ob er wohl auch so enden würde. Willi war einsam und allein gestorben. Und zum ersten Mal seit damals, als er Frau und Kinder verließ, fragte sich Lothar, ob er genauso einsam, von der Welt unbemerkt sein Ende nehmen würde. Diese Vorstellung hatte ihn nachdenklich gemacht und er suchte nach einer Möglichkeit, einem solch unwürdigen Ende zu entgehen. Doch so sehr er seinen Kopf auch anstrengte, er konnte nicht erkennen, wie er das verhindern sollte. Und nun?

Mehr als 30 Jahre hatte er die Erinnerung verdrängt, verleugnet, beiseitegeschoben, in die tiefsten Schichten seines Denkens und Fühlens verbannt. Nun holte ihn die Erinnerung unbarmherzig ein. Ja, er war damals einfach weg gelaufen, geflüchtet. Er konnte die Last der Verantwortung einfach nicht mehr schultern. Von einem Tag zum anderen hatte er seinen Job als Ingenieur verloren. Dann hatte er seine Frau bei einem ihrer vielen Seitensprünge erwischt. Als schließlich die Bank die Hypothek kündigte, brach er aus, rannte davon und landete unter der Brücke. Unter genau der Brücke, unter der er Willi zum ersten Mal traf. Und genau unter dieser Brücke erwischte der Sensenmann seinen besten – und *einzigen* Freund.

Lothar wusste, dass seine Frau vor einigen Jahren gestorben war. Und er war sich sicher, dass sein Sohn ihn kaum würde sehen wollen. Clarissa war seine letzte Hoffnung. Seine damals 2jährige Tochter würde er jetzt aufsuchen. Lothar hatte lange mit sich gerungen. Durfte er seiner Tochter überhaupt unter die Augen treten? Konnte er erwarten, dass sie ihm half? Würde sie ihn davonjagen, wie einen räudigen Hund? Sollte er nicht doch besser zurück ins Heim gehen? Alle diese Gedanken hatte er tagelang hin und her gewälzt. Ständig schwankte er zwischen Bangen und Hoffen, bis er entschied, es wenigstens zu versuchen.

Lothar erlebte den Weg durch die schneebedeckte Ebene als den schwersten Gang seines Lebens. Je mehr er sich dem Haus seiner Tochter näherte, desto schwerfälliger wurden seine Schritte. Wieder drohten ihn die Zweifel zu übermannen. Immer wieder blieb er stehen, um die kalte Luft in seine müden Lungen einzusaugen, die sich wie feine Nadelstiche in seinem Brustkorb bemerkbar machten.

Lothar hatte einige Tage gebraucht, bis er die Adresse seiner Tochter herausgefunden hatte. Irene, die gute Seele im Obdachlosenasyl hatte ihm geraten, den Pfarrer zu fragen. Lothar hatte in seinem ganzen Leben noch nie eine Kirche betreten, aber jetzt, da er seinen besten Freund nicht mehr fragen konnte, folgte er Irenes Empfehlung. Und hätte dieser Pfarrer ihm nicht geholfen – nie hätte er herausgefunden, wo seine Tochter lebte. Und der Pfarrer hatte ihm sogar noch erzählt, dass Clarissa einen reichen Mann geheiratet und drei Kinder hatte.

Er dachte: „Ich bin Großvater, ohne auch nur eine Ahnung davon gehabt zu haben.“ Nach der ersten Freude darüber, schürte diese Nachricht rasch seine Besorgnis, ob er Clarissa überhaupt aufsuchen durfte. Schließlich brach er in ihr Leben ein, wie ein plötzliches Unwetter. Mit welcher Berechtigung? Und was würde er ihr sagen, wenn sie ihn nach seiner damaligen Entscheidung fragte? Könnte sie das verstehen? Würde sie ihm denn überhaupt zuhören? Er könnte gut nachvollziehen, wenn sie ihm die Tür vor der Nase zuschlagen würde.

Aber – noch einen solchen Winter? Vielleicht würde er ja nicht einmal *diesen* überstehen. Mit seinen 64 Jahren spürte er deutlich, dass die Winter länger und beschwerlicher, kälter und ungemütlicher geworden waren, als in den Jahren zuvor. Noch nie hatten ihm die Schmerzen in den Gelenken derart zugesetzt, wie in diesem Jahr. Ja, er fühlte sich alt.

Längst schon war der Mond verschwunden und hatte der Dunkelheit Platz gemacht. Doch selbst das schwache Licht der Sterne reichte aus, durch die Spiegelung in den gefrorenen Flocken Lothar den Weg erkennen zu lassen. Der alte Mann fühlte sich müde und ausgepumpt, doch er wusste, dass er nicht lange pausieren durfte. Die eisige Kälte würde die Gefühllosigkeit in seinen Händen und Füßen mitleidlos verschlimmern.

Die Stille der Nacht rüttelte an seiner Seele, denn sie erinnerte ihn an die Grabesruhe, der Willi nun kompromisslos ausgeliefert war. Allein dieser Gedanke ließ ihn seinen Schritt beschleunigen. Sein Mantel wärmte ihn nur unzureichend, denn die ohnehin dünne Wolle war an vielen Stellen zerfressen und der löcherige Stoff ließ die Kälte ungehindert hindurch. Aber die Kleiderkammer hatte im Herbst keinen geeigneten Mantel vorrätig, den er gegen den alten hätte austauschen können. Gott sei Dank ergatterte er wenigstens die Stiefel, bevor andere sie ihm wegschnappen konnten. Doch das Leder wärmte nicht und an dickere Socken hatte er nicht gedacht. Er hatte sie einfach vergessen.

Als die ersten Anzeichen der Dämmerung den herannahenden Tag ankündigten, blieb Lothar stehen und seufzte erneut. „Bald müsste ich das Haus sehen“, dachte er. Und er behielt Recht. Nach kurzer Zeit konnte er die Umrisse des Bauernhofs ausmachen. Er verlangsamte seine Schritte und näherte sich dennoch immer rascher seinem Ziel. Das Gehöft lag im Dunkeln. Keine Menschenseele war zu sehen. Er umrundete das Gebäude und sah Licht aus einem der Fenster scheinen. Er versuchte hindurch zu spähen, doch die Eisblumen ließen nichts als Umrisse erkennen. All seinen Mut zusammen nehmend, klopfte er gegen das Glas. Wenig später öffnete sich das Fenster und eine blonde Frau in einem roten Wollpullover fragte erschrocken: „Wer sind Sie? Was wollen Sie?“

„Bitte – sind Sie Clarissa?“, fragte Lothar fast genauso erschrocken.

„Wer will das wissen?“

„Entschuldigung. Ich bin… ich meine… ich bin… nun ich … mein Name ist … ich bin Lothar… Lothar Behrens.“

Die Frau rührte sich nicht. Es war, als ob sie nicht verstand, was der für sie Fremde gesagt hatte. Lothar schaute betreten nach unten und schwieg.

Plötzlich kam Leben in die Frau und sie schloss abrupt die Fensteröffnung.

Lothar sackte innerlich zusammen. „Recht hat sie", dachte er und wendete sich ab. Als er das Haus erneut umrundete, um sich auf den Rückweg zu begeben, kam ihm die Frau entgegen. „Du bist mein Vater?", fragte sie entgeistert.

Lothar konnte nur mit dem Kopf nicken.

„Komm erst einmal herein. Bei dieser Kälte kann es doch kein Mensch draußen aushalten."

Mit diesen Worten zog sie ihn ins Hausinnere und schob ihn in die Stube. Der große Kachelofen verbreitete eine wohlige Wärme und Lothar wusste nicht, wie ihm geschah. „Bist du Clarissa?", fragte er und spürte seine Befangenheit. Die stämmige Frau in dem roten Pullover bestätigte: „Ja – ich bin Clarissa. Sag mal – was führt dich um diese Zeit hierher? Und wieso? Wieso nach so vielen Jahren?" Sanft drückte sie ihn in einen bequemen Lehnstuhl mit dickem Sitzkissen. „Wo kommst du her?"

Lothar fühlte sich hilflos und wusste nicht, welche Frage er zuerst beantworten sollte. Auch wunderte er sich, dass sie keinerlei Anzeichen von Groll oder Ärger zeigte. Ihr ganzes Verhalten war geprägt von Hilfsbereitschaft, Neugier und – ja fast schon ein wenig Besorgnis. Lothar konnte es kaum glauben. „Bist du mir denn gar nicht böse?", fragte er sie.

„Böse?", bemerkte er ihre Ungläubigkeit, „Aber warum sollte ich dir böse sein?"

„Nun ja“, hörte er sich stammeln, „Nun – ich bin ja damals… ich meine… damals, als ich… ich meine…“, er konnte nicht weiter reden.

„Du meinst, als du uns damals verlassen hattest?“, half ihm seine Tochter.

„Ja – als ich euch damals verlassen hatte, da – da habe ich euch doch im Stich gelassen – oder?“

Clarissa lächelte ihn an: „Aber das ist doch schon so lange her.“

Ihre Augen verdunkelten sich. „Ja – zunächst war Mama sehr wütend. Ich selbst war ja noch viel zu klein – gerade mal zwei Jahre. Aber Mama hat sich im Laufe der Jahre immer wieder Vorwürfe gemacht und gemeint, dass *sie* Schuld gewesen sei, dass du abgehauen bist.“

„Aber das stimmt doch gar nicht!“, widersprach Lothar heftig, „*Ich* war doch der Feigling. Ich hätte bei euch bleiben müssen. *Ich* war der Versager.“

„Lass gut sein“, sagte Clarissa und legte ihre Hand auf die seine, „Mama hat mir alles erzählt. Sie war krank – wusstest du das?“

Als er den Kopf schüttelte, fuhr sie fort: „Sie hatte eine Krankheit, die nennt sich >sexsüchtig< und sie hat, nachdem du weg warst, eine Therapie gemacht. Es war für sie unsagbar schwer. Sie hat schrecklich gelitten, denn sie glaubte, dass du ihr nie verzeihen würdest. Sie fühlte sich schuldig, weil sie dich immer wieder betrogen hat.“

Lothar fühlte sich beschämt: „Das wusste ich nicht.“

Er sah seine Tochter an und erkannte, dass sie sich zu einem prächtigen Menschkind entwickelt hatte. „Ich habe vom Pfarrer erfahren, dass du Kinder hast. Wie alt sind sie?“

Ihr Lächeln erinnerte ihn an seine Frau: „Du gleichst ihr sehr – weißt du das?“

„Ja – das sagt Peter auch immer.“

„Ist das dein Mann?“

„Ja. Peter ist der beste Ehemann, den ich mir vorstellen kann.“

„Auf jeden Fall ein besserer als ich – was?“

Clarissa erhob sich: „Möchtest du einen Kaffee?“

„Gern“, antwortete Lothar spontan, „der würde mir jetzt richtig gut tun.“

Clarissa holte die große Kanne und füllte zwei Tassen, als Peter die Stube betrat. Schnell klärte Clarissa ihn über den unangemeldeten Besucher auf. Nachdem Peter die Tiere und Clarissa die Kinder versorgt hatte, verbrachten die drei den Tag mit dem Austausch allen Wissenswertens, was in den vergangenen dreißig Jahren für sie von Wichtigkeit gewesen war.

Am Ende des Tages fragte Clarissa: „Was hast du nun vor?“

Lothar fühlte erneut die Befangenheit in sich aufsteigen: „Hättest du die Möglichkeit, mich in einem kleinen Plätzchen hier im Haus unterzubringen? Ich kann den Gedanken nicht ertragen, dass mir vielleicht dasselbe Schicksal blüht wie Willi.“

Nach kurzer Rücksprache mit Peter erklärte Clarissa: „Ja – wir haben noch eine kleine Stube, die leer steht. Da könntest du dich einquartieren."

Lothar druckste herum und wusste nicht, wie er ihr sagen sollte, dass er niemals *ganz* in einem Haus mehr würde leben können. Clarissa schien seine Befangenheit zu spüren: „Was bedrückt dich?"

„Weißt du – ich habe jetzt 30 Jahre unter freiem Himmel verbracht. Ich glaube, ich schaffe es nicht mehr, ganz ohne diese Freiheit auszukommen."

Clarissa nahm ihren Vater in die Arme: „Wenn du deine Freiheit so sehr liebst, dass du nicht ohne sie auskommen kannst, dann nimm dir davon so viel du brauchst. Aber wisse – hier ist immer ein Platz für dich frei. Wenn dir danach ist, kannst du jederzeit zu uns kommen."

„Abcr", fügte sie schelmisch hinzu, „du musst mir versprechen, die Kleidung zu tragen, die ich dir besorgen werde. Ich kann es nicht mit ansehen, wie du herumläufst. Verstehst du das?"

Wortlos nickte Lothar und empfand tiefe Dankbarkeit, dass seine Tochter ihn nach all den Jahren so vorbehaltlos angenommen hatte.

*

Kultur-Reise?

Eine verdammt schwierige Lage, in die wir uns da hineinmanövriert hatten.

Und das auch noch freiwillig!

Aber – jetzt gab es kein Zurück mehr.

Zugegeben – Klara hatte mich mit ihrer Begeisterung angesteckt. Ich hätte ja auch nein sagen können. Aber sie wusste genau, wie sie mich packen konnte. Sie kannte meine Abenteurerlust. Und nun hockten wir hier hinter diesen verrosteten Ölfässern und beteten, dass sich der Mob in seine Löcher zurückzog.

Wie konnte ich mich nur auf so eine dämliche Tour einlassen? Dabei hatten uns alle gewarnt, auf diesen Wüstenausflug zu gehen. Es sei viel zu gefährlich. Der Mob warte nur darauf, ein paar Touris zu kidnappen, um das Chaos in diesem arabischen Land weiter anheizen zu können.

Und wir? Wir hatten alle Bedenken mit einer Handbewegung vom Tisch gefegt. Uns würde so etwas bestimmt nicht passieren; davon waren wir felsenfest überzeugt. Der Süden des Landes sei friedlich und man würde darauf achten, dass den Touristen nichts geschah.

Pustekuchen!

Wie blauäugig kann man eigentlich sein, fragte ich mich und bemerkte das blanke Entsetzen in Klaras Augen. Starr vor Schreck hockte sie da und hielt sich tatsächlich die Ohren zu. Das arabische Geschnatter ging mir auch mächtig auf die Nerven, denn ich verstand ja ebenfalls kein Wort. Aber durch Ohren zuhalten änderte sich nichts an unserer Lage.

Die Schreie der Reiseleiterin waren schon längst verstummt. Ob sie wohl noch am Leben war?

Es mussten an die dreißig Männer gewesen sein, die den Bus überfallen hatten. Der Fahrer war in Panik davongerannt. Die Männer im Bus waren zusammengetrieben worden und lagen mit dem Gesicht im Staub am Pistenrand. Die Frauen im Bus waren ebenfalls zusammengetrieben worden und mindestens zehn dieser dreckigen Typen bewachten sie.

Ich weiß nicht wie es Klara und mir gelungen war, hinter die verbeulten Fässer zu gelangen. Aber – es war uns geglückt.

Und dann hatten sie sich auf die Frauen gestürzt.

Einer nach der anderen wurden einfach die Klamotten vom Leib gerissen und der Mob johlte. Manche der Frauen schrien. Andere wimmerten nur. Wieder andere flehten um Gnade.

Aber das Wort war offensichtlich in Arabisch unbekannt.

Die Schreie der Reiseleiterin gingen mir durch Mark und Bein.

Ausgerechnet sie!

Okay – wir Touri-Frauen waren ja in den Augen dieser Männer Ungläubige. Und mit denen konnte jeder Muslim machen, was er wollte. Jedenfalls nach *ihrer* Auslegung des Korans.

Aber – wie konnten sie das ausgerechnet *ihr* antun?

Sie war doch eine Muslimin!

Klara zupfte an meinem Rock und deutete wortlos auf eine Öffnung in der Felswand hinter uns.

Ob wir es bis dahin schafften?

Ungesehen?

Unbemerkt?

Wir mussten uns etwas einfallen lassen, denn die Meute suchte nach uns. Irgendwie hatten sie wohl doch mitbekommen, dass ihnen ein Teil ihrer Beute abhanden gekommen war. Sie suchten die Felsengruppen in der Umgebung ab und kamen immer näher.

Ab und zu knallten Schüsse.

Fieberhaft suchte ich nach einer Idee. Irgendwie musste ich diese Teufel ablenken.

Ich griff nach einem größeren Stein, schätzte die Entfernung ab und warf den Stein im hohen Bogen von mir. Und prompt richtete sich die Aufmerksamkeit der Dreckskerle auf die Stelle, an der der Brocken gelandet war.

In Windeseile zog ich Klara mit mir und wir erreichten tatsächlich unbemerkt die Felsöffnung, durch die wir uns in das Innere des Hügels zwängten.

Klara drängte tiefer hinein. Ich konnte sie gerade noch am Ärmel festhalten.

„Denk daran, hier kann es von Schlangen wimmeln“, zischte ich so leise ich konnte.

Das reichte.

Wieder erstarrte sie und rührte sich nicht vom Fleck.

Ich beobachtete, wie sich etwa zehn der Lumpen unserer Felsöffnung näherten. Nun mussten wir doch tiefer hinein. Schlangen hin – Skorpione her. Es gab keine Alternative.

Vorsichtig einen Fuß vor den anderen setzen.

Bloß keine Geräusche verursachen.

Ich tastete mich langsam an der kalten, rauen Felswand voran. Hinter einem Felsvorsprung konnten wir uns gerade noch verdrücken, als der Kegel einer Taschenlampe aufblitzte.

Der Lichtschein beleuchtete den Boden mir gegenüber.

Mir blieb fast das Herz stehen, denn ein großer Haufen ineinander verschlungener Schlangenleiber regte sich. Der Ankömmling zog sich zurück und brüllte in akzentgetränktem Englisch: „Hier sind die bestimmt nicht. Diese Schlangenhöhle verlässt niemand lebendig."

Sie zogen ab.

Es dauerte nicht lange und wir hörten Maschinengewehrsalven.

Mit großem Palaver brüllten sich diese Schweine gegenseitig an.

Motoren heulten auf und die davonfahrenden Jeeps wurden immer leiser.

Von einem Augenblick zum anderen war es still.

Viel zu still.

Totenstill.

Ich überlegte und schätzte ab, wie weit das Schlangenknäuel von uns entfernt gewesen sein mochte.

Ob es sich bewegt hatte?

Als nach einer unendlich langen Zeit noch immer kein Geräusch von draußen zu hören war, flüsterte ich: „Komm, Klara. Bleib dicht hinter mir. Wir müssen versuchen, nach draußen zu kommen. Ich glaube, die sind weg."

Klara hielt sich am Zipfel meiner Bluse fest und setzte, genau wie ich, vorsichtig einen Fuß vor den anderen. Die untergehende Sonne leuchtete tief in das Innere der Höhle und ich konnte erkennen, dass sich das Schlangengewirr Gott sei Dank nicht verändert hatte. Wir quetschten uns an der Höhlenwand entlang und gelangten ins Freie.

Der große Reisebus, die Türen halb aus den Angeln gerissen, brannte lichterloh. Einige Frauen hielten die Reste ihrer zerrissenen Kleidung mühsam zusammen und bewegten sich wie in Trance. Einige saßen auf dem Boden, hielten ihre Knie umschlungen und wiegten hin und her wie Kinder. Sie alle standen eindeutig unter Schock.

Und die Männer?

Wo waren die Männer?

Wo war die Reiseleiterin?

Außerdem – es fehlten einige der Touristinnen.

Ich konnte die Schwedin nicht entdecken.

Wo war die Spanierin?

Klara hielt beide Hände vor das Gesicht. Sie war fix und fertig.

Aber – was nutzte das?

Jetzt ging es nur noch ums nackte Überleben!

Würden diese Verbrecher wiederkommen?

Was sollten wir jetzt tun?

Wieder zermarterte ich mir den Kopf.

Aus den Frauen war zunächst kein vernünftiges Wort herauszubringen. Bis schließlich eine Engländerin stammelte: „There! Behind the rocks. Have a look!"

Ich bewegte mich vorsichtig auf die Felsengruppe zu, auf die sie gezeigt hatte.

Und da saßen sie. Zitternd. Bebend. Völlig verstört. Einige von ihnen hielten ebenfalls ihre Kleiderfetzen mühsam zusammen. Noch nie hatte ich so viel Grauen in Männeraugen gesehen. Keiner brachte ein Wort heraus. Nur Furcht, Starre und Entsetzen in den Gesichtern.

Und dann erblickte ich das Bündel.

Sie lag da, wie ein weg geworfener Müllhaufen.

Sie war nackt und blutüberströmt.

Ihre Augen waren leer und stierten leblos in den immer dunkler werdenden Himmel, während sich die Flammen des brennenden Busses in den Blutlachen um sie herum spiegelten.

Wie alt mochte sie gewesen sein?

Fünfundzwanzig?

Sie war eine junge Mutter, die für zwei kleine Kinder zu sorgen hatte, weil ihr Mann keine Arbeit fand. Und sie hatte uns erzählt, dass sie ihren Job als Reiseleiterin nur bekommen hatte, weil sie mehrere Fremdsprachen beherrschte.

Ja – sie glaubte an Allah.

Und wo war er?

Warum hatte er *das* zugelassen?

Wo war dieser großartige Gott, dass er eine solche Tragödie erlaubte?

Ich ließ mich erschöpft auf einen der Felsen nieder und starrte die leblose Gestalt an.

Was für eine Verschwendung!

Was für eine ungeheuerliche Verachtung menschlichen Lebens!

Was *lernten* die Kinder dieser jungen Frau?

Es war fast schon dunkel und ich bemerkte, wie der Sternenhimmel über mir aufzog, als wäre es eine Nacht wie jede andere. Als wäre nichts geschehen. Als ob das Universum dieses Unheil nicht einmal zur Kenntnis nähme.

Ja – einfach ignorierte.

Was machte dieses Leben für einen Sinn?

Ein Leben, das so leicht ausgelöscht werden konnte?

Nur eine kurze Zeit – und – schwupps – war alles vorbei.

Wie sollte ich jemals wieder ein Leben leben können?

Ein stinknormales Alltagsleben?

Morgens ins Büro, abends kochen, spülen und fern sehen?

Wie sollte ich jemals wieder mit Jochen kuscheln können?

Oder sonntags morgens im Bett Liebe machen?

Das Schreien der Frauen holte mich in die Gegenwart zurück.

Am Horizont tauchten tanzende Scheinwerfer auf.

Kamen sie zurück?

Ich würde mich jedenfalls nicht kampflos ausliefern.

Eher würden sie mich umbringen müssen, als dass ich um Gnade bettelte.

Meine Wut steigerte sich ins Unermessliche!

Die verängstigten Frauen hatten sich hinter den nächsten Felsen verkrochen und Klara und ich rannten erneut zu den Ölfässern.

Aber… es waren Polizeifahrzeuge.

Offenbar hatten die Leute im Hotel Hilfe geschickt.

Die Uniformierten umrundeten den brennenden Bus und riefen auf Arabisch irgendetwas, das ich nicht verstand. Dann versuchten sie es auf Französisch und Englisch. Nach und nach kamen die Männer und Frauen aus ihren Verstecken und einige brachen vor den Augen der Polizisten zusammen. Die waren anscheinend überfordert, denn sie rührten keinen Finger, um eine der Verletzten zu versorgen.

Es gab ein paar Befehle auf Arabisch und einer der Jeeps brauste davon.

Es dauerte nicht lange und eine Armada an Rettungswagen und Polizeiwagen tauchte auf.

Es war ein bizarres Bild – Blaulicht in der stockfinsteren Wüste und ein brennender Bus.

Endlich waren auch Dolmetscher da, die sich um uns Touris kümmerten.

Ein Priester kam auf mich zu.

Am liebsten hätte ich ihn angespuckt. Meine ganze Wut auf diesen Menschen in schwarz wollte sich entladen.

Aber, was konnte er schon dafür?

Hier herrschte Krieg!

Ein grausamer Krieg.

Aber… war nicht *jeder* Krieg grausam?

Und das ließ dieser Gott, Allah, Adonai – oder wie immer er hieß – schon viel zu lange auf dieser Erde zu.

In meinem Inneren schrie es nur noch:

Warum? Warum? Warum?

Doch ich riss mich zusammen.

Ich kannte die Antwort nur zu gut.

Es war ja nicht *er*, der dieses Unheil anrichtete. Es waren die *Menschen*, die glaubten, das Recht zu haben, ihre Mitmenschen misshandeln, missachten und töten zu dürfen. Aber – warum lernten sie, verdammt noch mal, nicht aus der Menschheitsgeschichte?

Warum – in Gottes Namen – *lernten* sie nicht?

Weshalb glaubten noch immer so viele, ihre Probleme mit Gewalt lösen zu können?

Ich wusste ja, dass der islamische Gott dem des Alten Testaments entsprach. Es war das Gottesbild des rachsüchtigen, herzlosen und gewalttätigen Patriarchen.

Ein Egomane, der keine Gnade kannte.

Ich wusste es genau!

Und dennoch…

waren wir – wir im Westen – besser?

Nein!

Auch wir glauben doch, dass Gewalt Probleme löst.

Und das – *obwohl* wir ein anderes Gottesbild haben.

Immerhin glauben wir ja an einen *liebenden* Gott.

Und?

Was nützt das?

Was hilft uns das?

Und dann konnte ich mich nicht mehr zurückhalten. Ich schrie den Priester an: „Warum hat dieser Gott das zugelassen? Wo ist dieser liebende Vater? Wie kann ein Gott derart ignorant sein?"

Ich trommelte mit meinen Fäusten gegen seine Brust. Er ließ es geschehen. Er wehrte sich nicht. Er rührte sich nicht einmal.

Ich weiß nicht mehr, wie lange ich auf ihn einschlug. Aber irgendwann knickten mir die Beine ein und ich fing an, hemmungslos zu schluchzen.

Der Mann in Schwarz kniete neben mir und hielt mich einfach fest.

Er sagte kein einziges Wort.

Er hielt mich nur fest.

Was um mich herum geschah, nahm ich nicht mehr wahr.

Die gesamte Anspannung des Tages brach sich Bahn.

Ich konnte nicht mehr aufhören, zu schluchzen.

Als wäre ich fremdgesteuert.

Auch hatte ich jegliches Zeitgefühl verloren.

Nach einer Ewigkeit spürte ich, wie sich allmählich meine Sinne zurückmeldeten.

Wo war Klara?

Ich richtete mich auf und rief nach ihr.

Ihre Antwort blieb aus.

Wieder rief ich ihren Namen. Diesmal lauter.

Einer der Dolmetscher kam auf mich zu und fragte mich, wen ich suchte.

Ich erklärte es ihm.

Als ich Klara beschrieb, bestätigte er mir, dass sie ins Krankenhaus gebracht worden war.

Ich war unendlich erleichtert. Sie war in Sicherheit.

Nun murmelten der Priester und der Dolmetscher ein paar Worte und der Dolmetscher fragte: „Sprechen Sie Englisch?“

Ich nickte und der Priester meinte dann mit einem starken arabischen Akzent, dass er leider kein Deutsch sprechen würde.

Was sollte er mir auch sagen, selbst wenn er mich verstanden hätte?

Ich wurde ebenfalls ins Krankenhaus gebracht, wo ich endlich mit einem Botschaftsangehörigen sprechen konnte.

Es dauerte zwar einige Zeit, aber schließlich erschien ein Herr im Nadelstreifenanzug. Ich war angewidert von seiner aalglatten Art.

Seine Beteuerungen hätte er sich sparen können. Es waren nur hohle Diplomatensprüche; leere Worthülsen; dummes Geschwätz!

„Politik?“, konnte ich nur noch angeekelt von mir geben. „Ihr mit eurer Diplomatie! Als wären diese Verbrecher für vernünftige Argumente zugänglich. Das sind Tiere – keine Menschen!"

Und dann versuchte er mir zu erklären, dass wir diese Menschen verstehen müssten; dass sie eben anders denken als wir; dass sie ein Recht auf ihre eigenen Werte hätten, die nun einmal nicht immer unseren entsprächen.

„Ja?", konnte ich nur erwidern, „Werte? Sind *unsere* Werte besser?

Wo zeigt sich das in unserem Zusammenleben?

Herrscht nicht auch bei uns die Devise: dem Stärkeren gehört die Macht?

Was hat sich in all den Jahrhunderten geändert?

Was haben die Millionen von Toten bewirkt?

Was haben wir Menschen *GELERNT*?"

Darauf wusste der Herr Diplomat keine Antwort.

Ich konnte mir deshalb nicht verkneifen zu bemerken: „Aber Waffen liefern – *das* können wir. Nicht wahr?"

Aber ich begriff: ich würde diese Welt nicht verändern.

Noch immer galt in der Menschheit, auf dem gesamten Globus, auf jedem Kontinent Gewalt als Ausdrucksmittel von Stärke.

Pah!

Stärke?

Morden, Missbrauchen und Misshandeln – ein Ausdruck von *Stärke*?

Wann würden wir Menschen endlich begreifen?

Gewalt bezeugt seit jeher nur Schwäche.

Gewalt übt jedes Kleinkind aus, wenn es die Sandburgen anderer zerstört.

Wann würden die „Mächtigen“ dieser Welt endlich begreifen, raffen, schnallen, erfassen, kapieren, einsehen, erkennen und mitkriegen, dass Gewaltausübung ein Ausdruck von beispielloser *Schwäche*, eindeutiger *Unfähigkeit*, kraftlosem *Unvermögen* und kaum zu ertragender *Dummheit* ist – und *bleibt*.

Wahrhaftige Macht braucht weder Gewalt, noch Zwang; weder Nötigung, noch Mord; weder Vergewaltigung, noch Willkür.

Klar, dass sie auf die losgehen, die für sie das Gegenteil darstellen:

die Frauen!

Den *Lebensspenderinnen*!

Mein Gott!

Was müssen diese erbärmlichen Kreaturen für eine Panik vor dem Leben haben?

*

Einen Kaktus küsst man nicht

Mein Ferdinand und ich sind seit 52 Jahren verheiratet.

Was war er doch für ein schmuckes Kerlchen, als ich ihm das erste Mal begegnete. Volles, dunkles Haar, schlank, sportlich, gradlinig. Er war der Schwarm aller in unserer Mädchenclique. Und ausgerechnet mich hat er angesprochen. Mich hat er gefragt, ob ich seine Partnerin auf dem Abschlussball der Tanzschule sein wollte. Meine Freundinnen waren neidisch wie alte Waschweiber. Aber ich schwebte im siebten Himmel.

Ferdinand!

Meine Oma nähte mir ein bildschönes Kleid. Mit Petticoat. Ferdinand und ich schwebten über das Parkett und tanzten formvollendet den Cha-Cha-Cha, den langsamen Walzer, dcn Foxtrott, den Boogie und natürlich den Twist. Was für ein Abschlussball!

Tja, und dann musste er zur Bundeswehr und ich ging in die Lehre. Ich wurde Näherin.

Und als er wiederkam war ich gerade mit meiner Ausbildung fertig.

Aus dem schmucken Kerlchen war ein Mann geworden. Allerdings einer, der sich einen Bart hatte wachsen lassen. Und den fand ich… scheußlich!

Er wollte bei mir wieder da anknüpfen, wo er vor seiner Bundeswehrzeit aufgehört hatte. Aber da hatte er sich mächtig in den Finger geschnitten. An seinem Charakter hatte sich nichts geändert. Im Gegenteil! Ich fand ihn immer noch Klasse. Nur… dieser schreckliche Bart.

Damals hatten wir ein echtes Problem. Er fühlte sich mit seinem Bart wohl – ich konnte dieses ‚Gestrüpp' im Gesicht, wie ich es nannte, nicht ausstehen. Das Pieken empfand ich störend, verwirrend und doof. Nein. Alles in mir sträubte sich, wenn er mit seinem Gesicht näherkam.

An diesem Bart wäre unsere Beziehung fast zerbrochen. Irgendwann habe ich ihn vor die Wahl gestellt: entweder der Bart oder ich. Er hat noch einige Zeit versucht, mich umzustimmen, aber ich bin kompromisslos geblieben. Wann immer er zärtlich werden wollte, hatte ich das Gefühl, einen Kaktus zu küssen. Und das konnte ich nicht ausstehen.

Er hat ihn letztlich abrasiert.

Gott sei Dank. Hätte er sich anders entschieden, wären vier Kinder und zehn Enkel nicht geboren worden. Er hat immer wieder, zwischendurch, versucht, sich einen Bart wachsen zu lassen. Aber die Distanz, die ich dann auch räumlich schaffte, ließ ihn letztlich kapitulieren. Ich habe meine Meinung bis heute nicht revidiert: Einen Kaktus küsst man nicht.

ENDE